La société hyper-industrielle

Le nouveau capitalisme productif

超工業時代

Pierre Veltz
皮耶·維勒茲

林詠心——譯

工業、服務業的下一步——

全球價值鏈如何革命性重組，
催生前所未見的經濟地理藍圖

臉譜書房 FS0079

超工業時代

工業、服務業的下一步——
全球價值鏈如何革命性重組，催生前所未見的經濟地理藍圖

La société hyper-industrielle – Le nouveau capitalisme productif

作　　者　皮耶・維勒茲（Pierre Veltz）
譯　　者　林詠心
責任編輯　謝至平
協力編輯　許　涵
封面設計　廖　韡
行銷企劃　陳彩玉、朱紹瑄

編輯總監　劉麗真
總 經 理　陳逸瑛
發 行 人　凃玉雲
出　　版　臉譜出版
城邦文化事業股份有限公司
台北市民生東路二段141號5樓
電話：886-2-25007696　傳真：886-2-25001952
發　　行　英屬蓋曼群島商家庭傳媒股份有限公司城邦分公司
台北市中山區民生東路二段141號11樓
客服專線：02-25007718；25007719
24小時傳真專線：02-25001990；25001991
服務時間：週一至週五上午09:30-12:00；下午13:30-17:00
劃撥帳號：19863813　戶名：書虫股份有限公司
讀者服務信箱：service@readingclub.com.tw
城邦網址：http://www.cite.com.tw
香港發行所　城邦（香港）出版集團有限公司
香港灣仔駱克道193號東超商業中心1樓
電話：852-25086231或25086217　傳真：852-25789337
電子信箱：hkcite@biznetvigator.com
新馬發行所　城邦（新、馬）出版集團
Cite（M）Sdn. Bhd.（458372U）
41, Jalan Radin Anum, Bandar Baru Sri Petaling,
57000 Kuala Lumpur, Malaysia.
電話：603-90578822　傳真：603-90576622
電子信箱：cite@cite.com.my
一版一刷　2018年3月
一版二刷　2021年4月

城邦讀書花園
www.cite.com.tw

ISBN 978-986-235-647-0

售價：NT$ 280

國家圖書館出版品預行編目資料

超工業時代：工業、服務業的下一步--全球價值鏈如何革命性重組,催生前所未見的經濟地理藍圖 / 皮耶.維勒茲(Pierre Veltz)著；林詠心譯. -- 一版. -- 臺北市：臉譜，城邦文化出版；家庭傳媒城邦分公司發行, 2018.3
176面；14.8*21公分. --（臉譜書房；FS0079）
譯自：La société hyper-industrielle : Le nouveau capitalisme productif
ISBN 978-986-235-647-0（平裝）
1.產業政策　2.勞資關係　3.二十一世紀
553.1　106024937

目錄

序言

十九與二十世紀主宰法國的是工業社會，而從這樣的社會脫離出來的過程，就如同承受著某種慢動作的地震，使得法國在方方面面都受到撼動。金融控制、全球化、數位化，在在地將一個高度階級制的社會翻轉成了一個由個人主義當道的社會。相較於制度規範，信賴感更多建立在人與人之間的關係：以上這些變化加總起來，形成了一種令人困惑的型態。

事實上，欲將這些變化重新整理成一套完整的敘事並不容易。一些新的組織、執行與思考方式逐漸浮現，尤其是在年輕人之間。然而，我們還沒有辦法為這些新興現象命名，或是掌握其中的一致性。如今的法國似乎已被恐慌攻陷，而這種整體性敘事的缺乏很可能就是恐慌的深層原因之一。在第二次世界大戰之後的數十年間，即所謂的「黃金三十年」（les Trente Glorieuses）[1]，社會也同樣發生了極為深層的轉變。不過，在當時曾經有過一種敘述：當時人們被一種觀念灌輸，認為要邁向現代化，打造由政府指揮與引導的全國單一產業，同時便能普遍提升人民的生活水平。以農業為例，即使其所扮演的角色是受到讚揚的，該部門卻已流失了大量的工作機會。農人們的下一代，兒子與女兒，先是進入工廠工作，然後隨著社會邁向新時代，又進入了辦公室裡工作。

今日，這種「回收」機制已經故障了。年輕人們，無論是來自日漸衰敗的工業區，或是都市裡的新創企業，皆生活在與過去大不相同的世界裡。我們該如何為他們解釋這樣的改變？針對一個社會過渡至「後工業化」的現象，我們所形成的論述是很匱乏的，因為它並沒能告訴我們這個「後」將引領我們邁向怎樣的未來，是所有人都緊盯著電子螢幕、進入服務部門工作，或是積極推動觀光業嗎？那麼我們的工業技術和高超科技會變成怎樣呢？

數位海嘯將會掀起足以改變一切的重大變革，除了一群熱中於此的年輕人外，有關數位海嘯的論述在社會上創造出的是更多的焦慮而非希望。在這場革命中，我們法國人清楚感受到自己如今不過是次要角色，隨著電腦與智慧型手機已經成為我們不可或缺的同伴，它們卻都來自美國或亞洲的廠牌，我們該如何在這場革命中設想自己的未來呢？

工業的未來

面對上述這些向我們襲來的多重變化，欲試圖重新找到一套整體的願景，不妨從工業發展的問題著手展開。我們所接收到的各種具爭議且經常

1 譯注：黃金三十年指的是二戰結束後，法國在一九四五至七五年間高度經濟成長而創造出的社會榮景。

大錯特錯的想法主宰了所有辯論：「工業正邁向消逝」、「機器人與數位科技將扼殺就業」、「低工資國家的競爭是失業的源頭」、「我們進入了一個非物質的社會」……

我們或可列出長長一串的謬誤清單。一如這些例子，人們對於「後工業」時代這個主題不只覺得它是萎靡不振的，還造成了這個社會許多損失，同時助長了我們的政治人物長期以來對於工業社會所抱持的輕蔑。事實上，我們並不是生活在工業時代的尾聲，而是處在一個新型工業社會孵化的階段，截然不同於前一個世紀的主流型態。一如所有的已開發國家，我們的製造部門提供的就業機會愈來愈少，尤其咎因於新興的自動化浪潮所造就的生產力增益。

然而，我們並不會轉型為一個「非物質」的社會。工業化財貨與服務的生產還是持續增加，並且穩定占有整體附加價值的一部分。因此，我們必須以相對於整體的比例看待製造業是否沒落。尤其必須了解到，現下的挑戰並非「拯救」傳統和狹義上的工業，也不是「對抗」所有糾纏工業的邪惡力量。因為唯有當工業能夠參與數位變革，融入一個以使用與服務為主、朝向永續發展的新經濟型態，工業才得以生存。

許多的新挑戰和角色正在浮現，傳統的區分法（工業 vs. 服務業；傳統 vs. 數位）導致我們無法看清楚這些挑戰和角色。因為它們絕非「後工業」的，也無法被歸結為「全數位」的，因此我稱之為「超工業」的，以便同時彰顯出它們在工業化的悠久歷史中所呈現出的新奇度和持續性，而非一個甫發生的現象，也不會隨著二十世紀的大眾工業驟然歇止。從此以後，製造業、服務業、數位產業都會是一體的，而且會愈來愈緊密地交融在一起。創造價值的新型態浮現，將經濟和社會、傳統的企業框架和「社群」「共同分擔」的創新形式都彼此串連起來，強化了個人行動的力量。本書的目標便是從技術、社會、經濟和地理層面勾勒出這個新興超工業世界的主要樣貌。

本書包括兩個部分。第一部分（第一章到第五章）探討的是工業與服務業之間的趨同性、數位化在這個趨同性中所扮演的重要角色，以及「工業政策」的新挑戰。第二部分（第六章到第九章）則涉及正在浮現中的超工業世界的地理分布，其論述環繞著一項重大的矛盾：連結度的巨幅進步（透過網路也透過海空運輸，以及透過人們的移動）並不會促使競爭力與資源分配得更平均，反而開啟了前所未見的極化運動。新世界的「中心」位置，不論是社會面向或地理面向，似乎都愈來愈與「市郊」分離。目前看來，法國似乎還免於這種分歧的粗暴摧殘，但我們又能夠維持多久呢？

第一章　世界的工業化

許多人以為我們已經邁向「非物質」的社會，即工業和實體物品的製造不再扮演第一要角。這是一個大錯特錯的觀點。

在美國和歐洲，製造業的工作機會大幅縮減[1]，但是全球的製造業就業人口竟達到前所未見的高峰。在二〇一〇年，一共約有三億三千萬人在製造業部門裡工作，約占全球人口的百分之四．八，至於產出也持續提升——即使自從二〇〇八年以來，產出的成長就少於國內生產總值（GDP）的成長，顯示出全球需求往服務部門的淨轉移。令人納悶的一個現象是，在近兩個世紀裡，製造業部門的就業人口占全球人口百分之五左右的比率倒是顯得相對穩定。

由於諸多國家的製造業部門與其他部門之間長期存在的生產力差異，這一群勞動人口比例雖小，卻對於全球成長造成了極為重大的影響。自一八〇〇年至二〇一〇年，全球人口每年平均成長百分之〇．九，總產出成長百分之二，工業產出則成長百分之二．九。當這樣的差距長期維持，累積下來就是一個極大的落差。同樣地，全球製造業生產總值在二〇一〇年達到一九九〇年的一．五倍，更是一九〇〇年的六十倍。

在近幾十年間，這個發展促使了幾億人口得以從貧窮中脫身。儘管如此，它也突顯出了兩大問題。首先是這種成長在社會與地理層次上的分布。自一九九〇年以來，全球製造業人口的成長並非普遍地散布在所有發展中國家，而是僅集中於少數國家中，尤其是在中國。今日，全球百分之二十的製造業人口出現在中國（相較於一九九〇年的百分之三和二〇〇〇年的百分之八）。而中國的一枝獨秀不該令人忽略了整座森林的樣貌。因為去工業化（對於就業，以及有時對於附加價值的影響）也關乎到大多數的發展中國家，而此一現象令人好奇它們未來的成長軌跡將是何種樣貌。第二個問題在於，直至今日仍憑藉於仿效已開發國家之生活模式的經濟成

1　二〇〇〇年，經濟合作暨發展組織（OECD）成員國的製造業就業人口約為六千兩百萬人，到了二〇一〇年只剩下四千五百萬人。至於產量，歐洲（尤其是法國）幾乎難以重回二〇〇八年之前的水平。相較之下，美國的產量自二〇〇九以來呈現強勁成長。

長，是否具備永續的特質？

亞洲的大重返

亞洲的大重返是過去幾十年間的一個重大事實。我稱之為「重返」，因為西方的優勢（首先是歐洲，而後是大西洋地區）在長期看來，將只是一個過渡期。一八〇〇年，西方世界占全球工業生產的百分之二十九，其他地方則以中國和印度為首，占了全球百分之七十一的工業生產。一九〇〇年，這個數字激烈翻轉。百分之八十七的工業產品來自英國、歐陸和美國的工廠，亞洲的大經濟體可說是完全崩壞[2]，占比只剩下一小部分。二〇〇〇年，百分之六十六的全球生產依舊聚集在已開發國家。隨著二〇〇八至〇九年的危機，以及新興國家每年百分之六的工業生產成長率（相較之下，已開發國家只有不到百分之二），二〇〇〇至一〇年間已導致已開發國家的占比降至百分之六十以下。同時也意謂著歷史學家長年辯論與質疑的重要主題——歐亞大陸的西方和東方之間「大分歧」時代——畫下句點[3]。然而，不同於廣為流傳的形象，這些年邁的工業國家持續地以其強勁的科技實力在工業財貨的產值中占有可觀的比重。製造業部門的就業是衰退了，但至少「去工業化」的程度應該是相對輕微的。我們將在第二章回來談這一點。

以上這段內容是我們所熟知的，但我們較不清楚的是，有一種形式的「去工業化」也影響到了新興國家，尤其是在拉丁美洲。事實上，情勢的發展尤其對幾個國家有利，如中國、墨西哥（美國的生產基地）、南韓、臺灣、土耳其和幾個東歐國家（德國工業的基地），它們與已開發國家皆為全球化的受益者。

2 Paul Bairoch, "International Industrialisation Levels from 1750 to 1980", *Journal of European Economic History* 11/2, automne 1982.

3 尤其請見 Kenneth Pomeranz, *The Great Divergence: China, Europe, and the Making of the Modern World Economy*, Princeton, Princeton University Press, 2000.

儘管如此，全球發展不均也同樣發生，以致有些國家變成了輸家：如果我們將中國計算進來，這些輸家的衰退程度就非常嚴重；如果我們將中國排除在外，那麼這些輸家呈現的只能算是停滯，甚至有的還算成長[4]。自一九八八年至二〇〇八年，全世界的所得增益主要是發生在亞裔的中產階級和已開發國家的前百分之一的富人中，然而已開發國家的中產階級收入卻是呈現停滯[5]。

新興國家的去工業化？

在整個二十世紀期間，多數經濟學者和發展中國家領導人都將工業化視作唯一能趕上富裕國家的途徑。不同的學說之間彼此衝突。在社會主義陣營，以及一些國家如印度或阿爾及利亞，我們鼓吹藉由重工業和機具製造業來推動發展。普遍認為「工業化的工業」將使得這些國家進入自主的發展模式，重現富裕國家的軌跡。

相反地，其他國家則偏好從比較「輕」的消費品工業出發，以便在高聳的關稅壁壘庇護之下仿效他國經驗創造經濟成長，日後嘗試朝供應鏈較上游的產業發展。這種政策稱作「進口替代」（substitution d'importations），而其中一個優秀範例就是巴西。接著迎來的是普遍性經濟開放的時代，立基於跨國企業的到來和出口至世界各地的工業化，對於「亞洲四小虎」[6]（tigres d'Asie）來說尤其重要。中國從一九九七年金融危機（重創泰國、南韓、印尼和馬來西亞）中汲取教訓，一改過去採取了大規模仰賴出口的策略，轉為某種程度上重新聚焦於內需市場，尤其是在科技方面的急速成

4 François Bourguignon, *La Mondialisation de l'inégalité*, La République des idées/Seuil, 2012。一個矛盾的效應是，如果全中國廣大民眾的收入水平持續攀升，將可能進一步導致不均的程度惡化。

5 參閱布蘭科・米拉諾維奇（Branko Milanovic）的精彩綜述，*Global Inequality*, Harvard, Harvard University Press, 2016.

6 譯註：意指馬來西亞、泰國、印尼和菲律賓四國，其經濟在九〇年代成長之快猶如八〇年代的亞洲四小龍（臺灣、南韓、香港、新加坡）。

長，直至今日。

那麼其他國家的情況又是如何呢？丹尼．羅德里克（Dani Rodrik）強調「早熟的去工業化」（désindustrialisation précoce），並且指出在這些高度依賴出口的新興國家與其他國家之間，工業部門的就業和附加價值之演進過程是大不相同的[7]。

未來將會發生什麼事呢？樂觀的假設是，這些國家將可以不經過工業化的過程就直接進入成長階段，透過蛙跳效應（leapfrog effect）避開我們曾經走過的漫漫長路，享受通往先進的服務業與數位化社會的捷徑。經典的例子就是直接建立數位通訊網路，這是比起有線網路更加經濟的基礎建設。整體說來，我們觀察到服務業對於貧窮國家的成長貢獻要比工業來得多。最顯著的例子就是印度在資訊產業的先進服務發展。

但我們會忽略的是，這種發展只會涉及一小群人。除此之外，印度還正在對國外投資者開放它原本非常保護的經濟體，為的是更加果決地走上工業化的道路。悲觀的預期是，在已開發國家和中國的雙重主宰下，全球工業的現行分布使得貧窮或新興國家愈加難以進入中高等收入國家之列。少數國家將科技實力與具競爭力的社會條件結合，促使製造業集中在這些國家；另一方面，其他國家主要以服務業組成其經濟體結構，此一局面將會導致嚴重的不均衡，尤其是在南方國家[8]。

我們也可以自我檢視這個情勢的政治影響。直到今日，中產階級的形成總是與工業崛起和生產力提升有關。工業促使人口中較大宗的產業依據廣大勞工的共同利益而形成政治與工會代表。相較之下，在一個由較為分歧且經常是以手工藝或非正式的服務業主宰的世界裡，這些勞工的共同利益顯然更加難以浮現。因此，（東亞除外的）南方國家的早熟去工業化幾乎無助於鞏固該國的民主體制。

---

7 Dani Rodrik, "Premature Deindustrialisation", *NBER Working Paper n°20935*, février 2015.

8 譯註：意即在政治、經濟或現代化進程中較為落後的國家和地區。

一個高度物質化的世界

這麼看來，貧窮與新興國家的發展軌跡是我們最不了解的事物，而其對於全球化世界的未來帶有決定性的影響力（更不用說中國的軌跡了）。然而，在全球層次上，面對著構築起這個地球的自然生態系，此一問題也和工業模式的「永續性」，以及其放棄掠奪自然資源的模式而找到新模式的能力息息相關。有一種觀念認為，我們的購物傾向將會消失，取而代之的是一個本質上以非物質消費為主的社會，但這種想法完全不實際且天真。今日的世界被切割成兩個部分：一部分是一小群富裕的人，其生活排場建立在規模驚人的物質流上頭，其中包含壽命非常長的建築物（基礎建設、固定建物等）和瞬息即逝、隨用即丟的消費財貨；另一部分則是一大群收入明顯較低的人，但他們透過電視內容和旅遊活動，渴望地巴望著前一組人。

彼得．門采爾（Peter Menzel）拍攝過三十個國家的家庭，將他們擁有的物質財貨擺在家門前[9]。只消觀看這些畫面，便能看出一個明顯的證據：

這兩組人之間貧富差距之大，即使有點不切實際地假設社會普遍轉向儉樸生活，最貧窮的人們與新興中產階級都永遠不會放棄想某種程度追上富人的生活水平。從這個觀點看來，全球製造業有一個光輝燦爛的未來。中國或印度的消費胃口給了全球製造業一個前景（而且在此只考慮到消費性財貨，還不包括武器裝備、大型機具、基礎建設等）。

瓦克拉夫・史密爾（Vaclav Smil）在他的一本著作中，透過大量一般無法取得的數據鑽研了這個問題[10]。他的結論是，即使是貧窮國家非常有限地追趕，也需要大量動用初級資源，並且經過工業程序轉換。其著作中擷取出的一些數據可反映出這些物質耗用的驚人程度。在整個二十世紀期間，美國共約消耗了四十五・六億噸的水泥，而中國只用三年（二〇〇八

9 Peter Menzel, *Material World: A Global Family Portrait*, Sierra Club, San Francisco, 1995.

10 Vaclav Smil, *Making the Modern World. Materials and Dematerialisation*, New Jersey, John Wiley & Son, 2014.

至一〇年間）就消耗了同等數量！如果我們再談到另一項和水泥一樣耗能的重要物質——鋼鐵，過去二十年間人類的消耗量即等同於整個二十世紀的消耗量。每一年，全世界所使用的鋼材就等於第二次世界大戰後十年間的總用量。

問題在於，這些對於地球物質的取用並不是可以永續的行為。化石能源與氣候暖化是很根本的問題，但在開放體系中，其他各種問題也都與這個嚴重影響生態循環的掠奪型經濟有關，例如在大氣與水體中，大量的重金屬被細菌排出而在地球的長遠歷史中循環不絕[11]。

去物質化與吉文斯效應

在幾乎所有領域中，我們確實目睹了某種形式的「去物質化」，意指我們必須以愈來愈少的物質來確保某一特定功能：我們找到效率更高且更廉價的替代物質（尤其是能源）；我們發明新的工具以便最優化地使用物質；我們回收使用過的材料。這些減少物質足跡的努力絕非無關緊要，它們已經成為了「工業創新的必要要素」，促使了全世界成千上萬的工程師著手鑽研。

在專業化的工廠中生產出的幾十億「鋁罐」，是個有意思的例證。這是一種頗需高科技的產品，源自於對可承受特別強烈撞擊的金屬包裝的需求。在一九六〇年代末期，第一批美國製的罐子重達八十五公克，而今日的鋁罐約重十二．七五克，在歐洲甚至只有九．五克重。此外，鋁是一種特別廣泛回收的材料（大約有百分之五十的生產來自於回收物）。上述這一切都很美好。

然而，在這罐子裡藏有一隻惡魔，也就是「反彈」（rebond）效應。人類消費的速度在相對上遠超過了去物質化的速度。這個效應又稱作「吉文斯效應」（Effet Jevons），而這個效應對我們社會的未來具有決定性的影響力。

11 請參閱 Ugo Bardi, *Le Grand Pillage*, Paris, Les Petits Martins/Institut Veblen, 2015.

在一八六五年，針對有些人認為新發明的蒸汽機將會導致煤炭消費量減少的想法，英國經濟學者威廉斯・史丹利・吉文斯（William Stanley Jevens）回應道：「以為較經濟的能源使用會造成消費減少，這種想法可說是大錯特錯，結果正好會是完全相反。」一個半世紀之後，情況看來令人難以反駁，吉文斯效應無處不在。

在數以千計的案例中，汽車也是其中一個例證。今日，我們的汽車無論是在材質上或能源耗用上都比過去來得經濟得多。結果：汽車的車型愈來愈大，跑得愈來愈快，運輸使用的汽油消費量也不停地增長。對於一九二〇年至二〇一〇年間在美國售出的汽車來說，重量功率比（Rapport masse/puissance）[12]驚人地減少了百分之九十三。然而，汽車平均重量的增加徹底抵銷了效能改善的效果，更不用說汽車的廣泛流行。頌揚數位社會的人往往聲稱智慧型手機是去物質化的例子：看看這個極其輕巧的玩意兒（一支iPhone5只有一百一十二克重），它在理論上可以取代固定電話、鬧鐘、收音機、電視、收發電子郵件的電腦、照相機、錄影機、時鐘。但在現實中，這些替代作用從未完全成真。

兩種全球化？

顯然，最優化的作法不足以讓我們相對地去物質化，答案只能來自技術與生活方式上更激烈的改變。然而，一如能源的困境，我們的核心問題在於儉樸生活的共享。再一次，新興國家未來的發展軌跡是最大的未知數。旁遮普語中的「jugaad」意謂著「機靈」，最近惹人注目地被用進了管理型態的口號中。《jugaad 創新》（*Innovation jugaad*）一書的作者解釋道，「jugaad」創新並非低成本（low-cost）的傳統創新[13]，而是重新發掘以有限

12 譯註：功率重量比即為車體總重除以引擎的輸出馬力，數值越低代表車子愈強悍，加速愈驚人。

13 Navi Radjou, Jaideep Prabhu et Simone Ahuja, Innovation jugaad, Paris, Diateino, 2013.

的資源、更明智的方式而做得更好的創造性，同時著重在根本需求上。

從此以後，是否將有一種新興國家的「jugaad」全球化？在此引述尚保羅・貝特貝茲（Jean-Paul Betbèze）[14]的說法，即為一種「必需品與科技捷徑的經濟」（économie de l'essentiel et des raccourcis technologiques）。尚保羅反對已工業化國家曾走過的那豐足卻又浪費的途徑，其從經濟衰退中重建的途徑是仰賴資訊經濟的發達，以及一些非民生必要之需求。反之，在貧窮國家中以需求為依歸的儉樸作法，是否可能回頭激發我們在生活、生產與消費方式上的改變呢？或者西方模式會繼續作為唯一的模式？

新興國家的中產階級受到西方模式的吸引，是否會甘冒讓大批人口繼續陷入貧窮之中的風險，掀起一股可確保低成本生產的大規模全球吉文斯效應，致使我們加速通往難以承受之境？這個問題沒有唯一的標準答案，但是我們有幾個悲觀的理由。

14 Jean-Paul Betbèze, *La Guerre des mondialisations*, Paris, Economica, 2015.

第二章　工業／服務業：一個過時的區別

若從就業機會的角度來看，我們進入了一個工業變為少數派的社會裡——正如二次大戰之後的農業處境。在一九八〇年代的法國，工業部門的雇員有五百萬人；到了今日，只剩下不到三百萬人。由於自動化的新浪潮浮現，這個數字恐怕會繼續滑落。儘管如此，我們的社會在幾個世紀的發展以來日趨工業化，意即它愈來愈受到與工業相關的社會形式、文化、慣例所支配。最新鮮之處在於，這個「工業化」的散播遠遠超出了物件生產，而延伸到服務業、商品與非商品的經濟型態，甚至觸及「點子經濟」（Économie des idées）。

眾所周知，製造業部門的未來依然是一項重大挑戰。有些人以為製造業的衰退是自然的、輕微的甚至是有益的，這種想法大錯特錯。我們所購買的消費品大量來自進口的現象並不合理也不永續，我們應該做出正確的判斷，並且搞清楚時代。如今將（狹義的）工業和經濟體中的其他部門對立比較，是一個觀點上的重大錯誤。我國的挑戰並非不計代價地捍衛製造業就業機會，而是鞏固緊密鏈結工業與服務業的「超工業」基礎，投入數位變革和能源與生態的轉型。

已知的弱點

長期以來，法國的政治菁英與行政人員都看輕甚至蔑視製造業部門，以免近年間對於工業重新燃起的興趣被尊為一種有益的意識覺醒——例如三十四項再工業化的部門計畫（稱作「新工業法國」〔Nouvelle France Industrielle〕），這項計畫源自二〇一二年十一月的法國競爭力報告中所作出的「為促進競爭力與就業之抵減稅額」（crédit d'impôt pour la compétitivité et l'emploi, CICE）之結論，爾後在二〇一三年由蒙特布赫（Arnaud Montebourg）提出，並由馬克宏（Emmanuel Macron）於二〇一五年簡化及實施。確實，法國的情況並不好。二〇〇八年的金融危機又讓進入二十一世紀以來所顯現出的症狀更加惡化，也就是工業產值占國內生產毛額的比例加速衰退、工業部門出現貿易逆差，以及毛利率開始滑落[1]！

許多文獻分析過我們的工業弱點[2]，這雖非本書探討的對象，但我們不妨簡短地回憶一下：定位在中檔水平，以致相較於德製的高檔貨更容易遭遇競爭；面對市場上大型的上游發包商，我們主要依賴中小企業來接單，而它們的微薄毛利又導致現代化程度不足，形成惡性循環；國內儲蓄的流通中，生產性投資的比例太小；競爭力衰退（占出口市場的份額減少）。

長期以來，大型企業持續地從法國經濟中抽身，主要投資在海外地區，使它們從此大大地受到外國股東的控制。在過去長期作為法國重商主義的脊柱的「國家冠軍」模式，如今走到了窮途末路之境。誠然，法籍企業集團持續地在海外進行許多併購案，但是在Pechiney或Arcelor被收購之後，兩年間又有四家名列法國巴黎證券交易所市值前四十大的企業（CAC 40）被收購（Lafarge、Alstom、Alcatel-Lucent和Technip），這個現象標誌了一個時代的轉變。這種以大企業為主的資本主義愈來愈向外擴張，將會如何繼續與國內就業市場的狀況連結呢？這是一個核心問題。

誠然，法國不是只有超大企業和它們的承包商。我們在這片創造出驚人工業成就的國土上證明了，我們可以在本國的社會與財政條件下，具競爭力地在艱難的市場上出頭天。而這靠的往往是由謙虛且傑出的企業家所經營、極為扎根在地的企業。

簡單舉幾個例子，誰認識在法國的Eolane（安日，Angers）、Clextral（菲爾米尼，Firminy）、Baikowski（安錫，Annecy）、Figeac Aero呢[3]？此

---

1 在二〇〇〇年，法國的工業貿易餘額為兩百五十億歐元的出超。在二〇一二年，該數字竟變成兩百五十億歐元的入超！

2 為求令人滿意的綜述，請見 Pierre-Noël Giraud et Thierry Weil, *L'industrie française décroche-t-elle?*, Paris, La Documentation Française, 2013，也可更廣泛地參閱「工業的工廠」（La Fabrique de l'industrie）之相關著作。也請見 Jean-François Eudeline, Gabriel Sklénard et Adrien Zakharchouk, *L'industrie manufacturière en France depuis 2008*, INSEE, Notes de conjoncture, décembre 2012。欲取得比較數據，請見 Reinhilde Veugelers, *Manufacturing Europe's Future*, Bruxelles, Bruegel, 2013。

3 譯註：Eolane是專業電子服務供應商；Clextral是擠壓機及乾燥技術供應商；Baikowski是無機特殊原料製造商；Figeac Aero則是航空零組件製造商。

外，同樣作為小型家用電器商，Moulinex 收掉了，但 SEB 成為全球領導品牌，可見所謂的產業宿命並不存在。儘管如此，我們的「中等規模企業」密度還是遠遠不及以之形成經濟實力的德國南部。最後還要再加上「法國科技」（French Tech）的展望，那是近來轟動一時、吸引青年人才前仆後繼開創科技公司的政策創舉。我們所看到的這一切組成了一張混雜不清的圖表，而接下來我們將試圖搜羅整理一些結構性的數據。

工業，不為人知的一面

法國人對於自己的工業有著陰沉的印象：關閉的工廠、罷工小隊、燃燒的輪胎。由 Fives 工程公司所創之未來工廠觀測站（Observatoire des usines du futur）進行的問卷顯示，法國人對於工業的印象尤其負面：只有百分之三十六的受訪者認為工業是有吸引力的；相較之下，美國人的比例是百分之六十七，中國人則是百分之八十二[4]。這份問卷也顯示出，法國人認為工業是過時的。就業持續衰弱，工人大量聚集的現象不再，生產基地散布在市郊及鄉村地區，種種現象自然而然造成了一種後果：愈來愈少的家庭與製造業部門之間有直接關係。

對於法國社會來說，工業變得極為隱形。我們不斷討論法國的工廠，卻忽略了今日的工業範疇已經遠超出工廠的範圍。我們在這個領域裡還會看到研究園區（pôles de recherche）、發展中心（centres de développement）、物流中心、商業單位、數據中心等等。在二〇一五年，法國的製造業工人（包含臨時工）約有三百萬人，幾乎是一九七三年就業人口的一半。然而，這些就業有很大一部分已經不再出自工廠。

工業法國主要是以辦公室和白領階級為主。以雷諾（Renault）[5]為例，其主要的建築從很早之前就變成了基揚古爾科技中心（Technocentre de

4 見網站：http://www.lesusinesdufutur.com/

5 譯註：為法國一汽車品牌大廠。

Guyancourt），聚集了大約一萬名工程師、技術人員和雇員。相較之下，該公司最重要的工廠是在杜埃（Douai），只有不到五千名員工；而五間在法國境內的組裝廠加起來還不到一萬四千名員工。無專業技術的工人僅占法國勞動人口的百分之二・三，而技術人員與具備專業技術的工人人數則有兩倍之多，直接投入生產活動的工人不到一半。在二〇〇八年，工業部門的平均每人薪資要比全國平均高出百分之十四。

衡量「去工業化」

不同於一般的印象，工業產量其實在這些年依舊不停地成長。真正改變的，是它在就業市場與附加價值上的地位。首先以就業市場來說，法國在一九七〇年代中期達到顛峰，美國是在一九五〇年代中期，英國則是一九六〇年代中期。自此以後，這些已開發國家的就業機會就不斷減少。為什麼呢？

第一個原因是外包，也就是指企業將某些非核心業務從自己處理轉而交由其他供應商完成，而這類業務一般會被分類至服務業部門。在法國，一九八〇至二〇〇七年間，這個因素加上同樣被計入服務業部門的臨時工，兩者便占了整體下滑的三分之一強。外包的強勢影響一直延續到二〇〇〇年[6]。既然就業數目的減少與分類範疇的改變有關，那麼它便是一個數據上的假象。

在二〇〇〇年之後，第二個導致就業數目下滑的理由是生產力增益，但幾乎無人意識到這項增益的規模。自一九九五年至二〇一五年，法國的工業產量成長了一倍，整體工時則是減少了一倍。這個現象並非法國專屬：自二〇〇二至二〇一四年間，每工時製造業產值的成長在法國是百分之四十，在德國是百分之三十，在美國是百分之四十九，在南韓是百分之

6 Lilas Demmou, "Le recul de l'emploi industriel en France entre 1980 et 2007. Ampleur et principaux déterminants", *Économie et Statistiques*, vol. 438, n°1, p. 73-296.

九十四，在臺灣是百分之九十七[7]。也就是說，今日普遍對於「自動化」工業的印象並非一種未來主義的幻想。這是一種已經很廣泛實現的趨勢。

第三個解釋就業衰退的因素是由於缺乏競爭力而導致的產量流失，換句話說就是原先由一國自行生產的產品從此改為進口。這個項目的影響要比前兩項更難確認。關於這個主題的各方意見不一，尚無定論，尤其在美國這個嚴重受創於「中國製造」（Made in China）之入侵的國家。經濟學者的信條完全與大眾流行的意見相反，他們長期以來皆認為這種國際貿易（尤其是與中國的貿易）對於就業的影響是頗為有限的。

然而，近期的一些研究得出的結果與這種信條正好相反。它們顯示中國貿易的衝擊對於在地化的就業市場造成非常重大的負面影響。即使是在美國，藉由專業或地理流動性而進行的勞動市場調整過程相當緩慢；在較不要求專業的業種的失業人口中，這種調整甚至是不存在的[8]！在歐洲，與中國貿易的影響較為輕微、平衡（德國甚至對中國大量出超）[9]。然而，同樣的情況或許正在形成中，由於人才的流動調整微弱，地方上流失的就業機會幾乎未能被彌補。

附加價值，以價格計或是以數量計？

討論過就業之後，我們再來看看「附加價值」（valeur ajoutée, VA），也就是指工業對於財富創造（國內生產毛額）的貢獻份額。這個附加價值在今日占國內生產毛額的十分之一，相較於一九六〇年代的四分之一，讓法國成為「去工業化」程度最高的歐洲國家之一，與英國程度相去不遠，

---

7 見 Marc Levinson, *US Manufacturing in International Perspective*, Congressional Research Service, avril 2016.（見 www.crs.gov, R42135）

8 David Actor, David Dorn et Gordon H. Hanson, "The China Shock: Learning from Labor Market Adjustment to Large Changes in Trade", *NBER*, WP 21906, janvier 2016.

9 在二〇一四年，法國從中國的進口總值為四百三十億歐元，幾乎等同於從比利時或義大利的進口總值，是從德國進口的二分之一。然而，中法之間的貿易逆差很大，高達兩百七十億歐元。

但遠遠落在德國之後。

不過，在此也同樣必須看相對性。第一個理由是國內生產毛額中的附加價值份額非常容易受到各種產品的相對價格變化影響。很清楚地，如果相同的產品在期初要價兩千歐，而在期末價格剩下五百歐，那麼它的附加價值就只剩四分之一。或者，每個人都可以看到，工業產品的價格下滑要比服務業或營建業的價格下滑快得多：只要想想過去和現在，你以一萬歐元可以買到的製造業產品（汽車、電腦、智慧型手機等），以及同樣價格你所能夠獲得的服務，例如改裝你的廚房、出門旅行或支付律師費用就知道了。因此，我們應該比較以量計算、固定價格的附加價值，就能看到工業份額幾乎沒變。至於法國與德國之間的差距，自從一九九〇年代以來就是持平的狀態。

此外，還有第二項重要理由：在狹義的工業世界之外，我們發現有些產業實際上非常接近製造業，例如網路公司、都市服務（交通、水、垃圾、能源、電信……），這些產業在法國尤其具代表性。它們雖然不是製造業，但是在行事作風和生產力方面與製造業的變革幾乎雷同，可說是完全工業化了。經濟學家費比絲（Laurent Faibis）和帕瑟（Olivier Passet）指出，將這些高度工業化的服務業和製造業加總起來的話，數字就會顯著地改變[10]。自一九七五年至二〇一一年，這些產業整體以量計算的附加價值幾乎沒什麼變化，大約占整體國內生產毛額的百分之三十。一套重新思慮過的「工業」策略不只應該納入這些服務部門，也應該以之作為法國經濟的重要成分之一。

品質，在衡量標準中的重大遺漏

第三個觀察是，在我們的衡量中完全遺漏了一項關鍵要素，也就是

10 Laurent Faibis et Olivier Passet, "Penser le rebond productif de la France", *Le Débat*, n°181, septembre-octobre 2014. 也可參閱 Olivier Passer, *Xerfi Synthèse*, n°8, octobre 2014.

「品質」效果。即使它們的名稱相同、價位相等，一輛二〇一六年的汽車在實質上和一輛二〇〇〇年或一九九〇年的汽車可以說是截然不同的產品。現在的汽車可以在尚未熱車的情況下就發動，耗費的油只要先前的二分之一至三分之一，不容易故障，配有愈來愈多的電子裝置……但我們不知道如何將這項事實納入考量。

傳統的大量生產仰賴的是數量上的生產力（追求以愈低的成本製造愈多產出）。不過，在這三十多年間，廣義的「品質」標準已成為競爭中的決定性因素，而非次要因素：產品的可信度、變化的多樣性（所謂的「客製化量產」，sur-mesure de masse）、對於需求的即時反應。在經濟遊戲的核心中，從此出現了一種「品質的生產力」（追求以愈低的成本製造愈好的產出），但我們所具備的個體（企業管理的管控）或總體經濟的衡量工具並不擅長處理這一點。

除此之外，每個人所見上述對於汽車或洗衣機來說為真的現象，對於服務業來說更是為真，因為品質面向在此不僅是核心，還特別難以估算。

最後，數位世界的新興服務更是打亂了牌局，或者說是打亂了帳本；因為在很多時候，這些服務甚至不是經市場交易的商品。維基百科不會存在於國內生產毛額中；汽車共乘平臺BlaBlaCar、Airbnb和其他所謂的「共享經濟」運用了未被使用或未達使用效率的資源，但它們反而會造成國內生產毛額的降低。難道我們會說它們為這個社會帶來的價值創造為零或為負值嗎[11]？

這一點是關鍵的，因為它對於以市場交易為基礎的國內生產毛額所呈現出的成長數字，以及我們所假設的整體生產力放緩提出嚴正質疑。在某種程度上來說，這似乎符合工業化國家所顯露出的現象。

11 請見 Jean-Paul Betbèze, "La productivité qui stagne, cette erreur qui nous tue", *Les Échos*, 07/08/2015.

工業與服務業：聚合

今日對於「去工業化」的分析是建立在服務業與工業之間的明確區隔之上。儘管如此，它所牽涉到的並非單純的字義，因為在這種區隔背後所流露出來的觀點大大地激發了公共政策的制定：「製造業是唯一專注於高度生產力活動的部門」、「製造業促進了出口與尖端科技的獨占」、「服務業會拖累生產力」。事實上，這些說詞帶有很嚴重的誤解。如同我們在上一段所闡述的，有一部分服務業和工業一樣有生產力。

同樣地，「百分之七十五的R&D（研發活動，research & development）集中在製造業部門」的觀點也是有爭議的：這個觀點是建立在一個過時的R&D定義上，出自一九六三年由弗拉斯卡提（Frascati）所著之《手冊》（*Manuel*）中，而且我們經常將R&D與「創新」（innovation）的概念混淆。一名德州卡車司機發明尺寸齊一的集貨箱，便攪亂了全球貿易：服務業的創新在實務上並不計入R&D的數據。Sodexo會比Renault或Thalès較不創新嗎[12]？最終，我們很清楚地看到數位科技的竄起正在摧毀這些舊有的分類。Apple、Amazon、Google都將硬體和軟體緊密地結合，那麼它們算是製造業還是服務業呢？事實上，這種聚合非常深刻，表現在服務業的工業化、服務業在製造競爭力方面的地位崛起，以及工業的「服務」導向普及化上。

服務業工業化的歷程首先表現在任務合理化[13]的跡象下、在最激烈的泰勒化（即專業分工化）中。美國藉由在貿易、辦公室、餐飲業（麥當勞）、娛樂業和觀光業（迪士尼）世界中應用工業方法，在服務業工業化的歷程中扮演了核心角色；相較之下，在歐洲的人們對於服務業依舊大多抱持更加手工的看法。在法國這個崇尚平等的國度裡，服務業的發展長期以來便

12 譯註：Sodexo是法國的餐飲服務與管理企業；Thalès則是航空、國防、交通、證券市場之電子系統設計與製造商。

13 譯註：意指將任務做最有效率的配置，以提高經濟效益。

以「服務」、「傭人」、「奴隸」之間語義的相似性著稱。但逐漸地，服務業的世界整個浸淫在傳統上與工業相關的準則與邏輯中：標準化、品質管控、資源合理化等。

工業的發展長期以來以三種方式牽引著服務業的發展：

(1)製造業的生產力增益使得社會財富增加，刺激服務業的需求（這就是索維〔Alfred Sauvy〕所謂的「外溢」）。

(2)某些產業，例如汽車業，激發了「系統」的出現；從道路興建到修車廠、加油站的發展，以及米其林（Michelin）指南[14]等。

(3)除了暫時性工作之外，前文提過的外部性使得為企業而生的新興服務部門形成。

今日，兩者之間的分界變得不再壁壘分明。首要證據在於，被分類為「工業」的企業如今也經常出現在服務業市場中。以法國為例，百分之八十三的工業企業同時也販售服務；而其中有百分之二十六的企業甚至只販售服務，更不用說它們為自身所需而產出的大量服務活動[15]。

我們也必須檢視「對外貿易主要是以實體財貨貿易為主」的想法。事實上，製造業產出的財貨占了法國出口的百分之七十五，但是我們也看到這些財貨只包括了全國製造業附加價值的百分之四十。剩下的價值是從跨國價值鏈中購得的外國零件與服務（百分之二十五）以及在國內市場上購買的專業服務（百分之三十五）。因此，當我們只以製造業世界的內部比較要素（例如法國與德國的相對工業薪資）來衡量工業競爭力時，我們就犯了一個大錯。事實上，相關專業服務的價格和品質也是關鍵[16]。

14 譯註：為法國知名輪胎製造商米其林公司於二十世紀初開始出版之美食及旅遊指南。當時該公司的創辦人看好汽車旅行的發展遠景，因此將地圖、加油站、旅館、汽車維修廠等有助於汽車旅行的資訊集結而成隨身手冊大小的《米其林指南》一書，其中立且客觀的美食評鑑系統已成為今日之全球權威。

15 Matthieu Crozet et Emmanuel Milet, "Vers une industrie moins… industrielle", *La Lettre du CEPII*, n°341, février 2014.

16 Marc Levinson, *US Manufacturing in International Perspective*, *op.cit.* 估算法國工業出口中包括的服務活動附加價值為百分之四十七，此一項目為所有已開發國家之首（美國只有百分之三十二、德國為百分之三十六、中國和南韓為百分之三十）。

同樣的道理也可印證在為了工薪階級需求而生的服務業上，例如交通和住房這類成本會影響到薪資水平的領域。德國的住宿成本比法國低得多，這是兩國間競爭力差異的重要因素之一。

工業也是一種服務

「在工廠，我們生產化妝品；在店裡，我們販售希望[17]。」長久以來，廣告代理人已體會到工業不販賣物件，而是販賣經驗的象徵與承諾。愈是平凡無味，工業家愈是有興趣將他們的商品與建立顧客忠誠度的服務結合。今日，無數的產品是或多或少融入與結合了財貨和服務（如品質保證、融資便利、售後服務等）的「套裝」（packages）。

接著，更新潮且有趣的是，有些工業不再販售財貨本身，而是販售它的有效性、用途和功能。我們可以將工業歷史總括為三個階段。工業首先作為原料供應商（鋼鐵、能源、基本化學），接著它會環繞著滿足大眾（汽車、家電用品、電腦）與專業人士（機器）需求之物品生產而形成架構。如今，它進入了第三階段，即「服務性工業」，以販售用途為主。米其林以哩程數來計算輪胎的使用費；通用電器（General Electric）或勞斯萊斯（Rolls Royce）則是以發動機運轉的時數來計費。

這種「產品服務化經濟」（économie de la fonctionnalité）的影響可以讓工業不再只是單純開立發票式的買賣，而可以協助我們建立一套整體性概念，以提供更具道德價值的產品／服務[18]。事實上，這種經濟極為適於淘汰從生態觀點看來過時的方案。在一個「產品服務化經濟」的世界裡，生產者通常會願意延長產品壽品（除非客戶已對品牌上癮，如微軟或Apple）。

這種較有利於使用權而非財產權的模式，可能促使某些部門（例如汽

---

17 出自露華濃（Revlon）總裁，萊維特（Theodore Levitt）引述，"Production-Line Approach to Service", *Harvard Business Review*, septembre 1972.

18 有關此一主題，請見布爾（Dominique Bourg）和泰爾特爾（Christian du Tertre）之研究。

車產業）發生影響深遠的改變。我們已經看到在一些密集的市中心裡，汽車擁有者的數量正大量下滑中。Uber之類的平臺目標並非取代計程車，而是提供我們在擁有汽車之外的另一選項。作為時代的象徵，各大汽車製造商正試圖（以昂貴的代價）買下運輸移動的服務公司，而非彼此之間互相併購。二〇一六年五月，豐田汽車（Toyota）甫決定投資Uber這家在日本幾無能見度的公司。一如BMW的總裁施瓦澤鮑爾（Peter Schwarzenbauer）所言：「移動是人類的基本需求之一，汽車工業則否[19]。」

19 *Süddeutsche Zeitung*, 11 juin 2016, p.25.

第三章　機器人、網絡、平臺

「軟體會淹沒世界」，矽谷重要的金融家之一馬克・安德列森（Marc Andreesen）於二〇一一年如此宣稱。在眾目睽睽之下，數位世界的擴張尤其表現在由網路而生的四大巨擘（GAFA[1]）的聲勢大漲，以及這些企業與傳統公司之間的爭戰，昨日是在廣告界、視聽領域、物流界，今日和未來則是在銀行業、汽車業和醫療業。不過，數位轉型絕不僅局限在幾個產業中，而是散布在整個經濟體與組織之間。數位轉型改變了生產、交換、消費、溝通的方式，並且在最終模糊了服務業與工業之間的界線。

機器人是否將會扼殺工作機會

機器人的形象驚豔大眾，尤其當它長得那麼像人類。自從亞里斯多德（Aristote）以來即有自動化的概念，意即以自行移動的機器來代替人類工作。然而，我們已經進入了一個機器可以與人競爭的階段，透過所謂的「人工智慧」，機器人不只可以執行純手作的任務，還可執行需要高度智慧的任務。最近，韓國圍棋冠軍在面對「深度學習」演算法時敗北，就是一個令人震撼的故事。

因此，一如在每個工藝演進的階段，老一輩的焦慮總會被喚起。一份牛津大學馬汀學院（Oxford Martin School）在二〇一三年九月公布的研究進一步加深了這種恐懼，這份研究估計在歐洲大約有百分之五十的工作會直接受到自動化的威脅。就像我們會直覺預期的，最感威脅的工作不會是最講究專業的工作，也不會是如看護等低階收入的工作，而是中階程度的工作，這類工作相對較為規律，以致運算法能夠摹擬，甚至可能輕易地改良。因此簡而言之，衝擊最大的會是在第一線的中產階級工作。

事實上，這種破壞已經廣泛發生在祕書類型的工作，或是在工業部門裡半專業的操作員工作上。在美國和歐洲，工作的專業要求已經很明顯地

1　GAFA 分別是 Google、Amazon、Facebook、Apple 的首字母。

朝兩極化發展（但我們無法很肯定地將這種差異歸因於技術[2]）。在近期一份研究中確認了法國未能逃離這種兩極化的命運[3]。

這一切開啟了兩類大相逕庭的問題：一類是技術性的問題；另一類則和經濟與社會有關。前者可歸結如下：演算法與機器人取代人類工作的能力是否會有極限？

首先要注意到的是，生物演化使我們具備的一些能力看起來很基本，事實上卻是高度精密的，例如在複雜的場景中辨識出各種形態（例如肢體語言的意義），以及在壅塞的環境中行動的靈巧度與協調性。相較於其他更加「智慧」的任務，這些對我們的大腦與肌肉來說很基礎的任務反而是機器較難以摹擬的。以 Amazon 為例，這就是為什麼他們透過「機械土耳其人」（Mechanical turk）的平臺，向網民們提出一些極其簡單但機器卻從來無法做到的工作，參與者只要達成這些小任務，就可以獲得微薄的報酬[4]。

至於認知型任務，也就是所謂高階的任務，科學家的看法要比一般評論來得保守。我們可否想像一名自動化的律師[5]？即使能夠下圍棋，進行新的科學發想或是與人對話恐怕更加困難。長久以來，情感層面仍舊是機器無法觸及的範疇。事實上，專家們對於機器取代人工的問題所抱持的態度並不那麼確定，這可能會令你吃驚。相對於二〇一三年牛津大學的研究，

2 有關這個題目，已經存在大量的文獻。欲取得一個概括的觀點，請見 David H. Autor, “Why Are There Still So Many Jobs? The History and Future of Workplace Automation”, *Journal of Economic Perspectives*, vol. 29, n°3, été 2015, p.3-30. Autor 是 SBTC（高技術者獲益的科技變遷）潮流的代表性人物，但有些人對這種觀點提出爭議。

3 James Harrigan, Ariell Reshef et Farid Toubal, “The March of the Techies: Technology, Trade and Job Paolarization in France, 1994-2007”, *NBER Working Paper,* n°22110, mars 2016.

4 請見 www.mturk.com. 這個案例很令人吃驚，因為它顯示出信息技術能夠將工作的分工「超級泰勒化」（hypertaylorien）至什麼程度，以及簡單的任務如何耐得住自動化的浪潮。「機械土耳其人」這個名稱參照自十八世紀知名的土耳其行棋傀儡，其外觀是一名機器人，但其實暗藏著一個人在操縱下棋。

5 Dana Remus et Franck Levy, “Can Robots Be Lawyers ?», décembre 2015, http://ssrn.com/abstract=2701092.

近期一份OCDE[6]的研究顯示，只有大約百分之九的工作會受到「電腦化」的威脅。

「這一次，將會不一樣。」

第二類問題則不同：它們關乎的是促使這股自動化浪潮興起的源頭，以及它對於經濟的影響。理論上，除非當我們做出經濟選擇，或有時是文化上的選擇，否則自動化並不會自己發展起來。日本已經將工廠高度自動化，但很少將服務業活動自動化。當企業在機器和人之間做選擇時，其經濟計算是很複雜的過程：其中除了直接成本，還包含其他許多要素，例如機器不會罷工，也不需要住處。至於自動化所造成的效應，傳統上有兩方對立的陣營，即盧德（Ned Ludd）[7]和李嘉圖（David Ricardo）[8]。

帶領工人們砸毀機器的盧德，僅看到工作機會被破壞的立即影響；而李嘉圖等經濟學家看到的則是被摧毀的工作會由其他新興工作取代，包括以下兩大類：一類是為了設計與生產機器而生；另一類則是為了滿足因生產力的普遍提升以致財富增加而興起的服務與財貨需求。歷史證實了後者的論述，每一次生產力的進步最終總會表現在更大量的就業機會增加，而非減少；此外，這些新增的工作普遍都是薪資更高的（我已經在前文引用索維提出的「外溢」一詞）。在第二次世界大戰之後的法國，農業生產力增益就是如此「外溢」到工業部門，爾後工業進步又「外溢」到服務業的需

6 譯註：經濟合作暨發展組織（Organisation de Coopération et de Développement Économiques）的法文縮寫，或是在臺灣較常見的英文縮寫 OECD（Organisation for Economic Cooperation and Development）。為全球三十五個市場經濟國家組成的政府間國際組織，其成員以已開發國家為主。

7 譯註：一七七九年，英國一位名叫內德·盧德（Ned Ludd）的織布工曾怒砸兩臺織布機，後人以訛傳訛成所謂的盧德將軍或盧德王領導反抗工業化的運動，並且將十九世紀英國民間對抗工業革命、反對紡織工業化的社會運動者稱作盧德主義者（Luddite）。

8 譯註：李嘉圖是十九世紀英國著名的自由派經濟學家。他提出了比較優勢理論，並且進一步推廣亞當·斯密的勞動價值理論。

求上。

為什麼今日的情況會有所不同呢？在所有抱持懷疑的人們當中，有一些人強調網路巨擘相較於過去的大企業所雇用的員額之少。然而，這個觀點是會誤導人的。柯達（Kodak）並沒有如無數文章中反覆重述的那般被Instagram取代：一個嚴謹的比較應該將數位沖印活動的整個生態體系考慮進去。有一些人則會問，這一次的生產力增益會「外溢」至哪兒去。在農業、工業、服務業都發展起來之後，下一個成長是什麼呢？一個簡單的回答或許是：被解放的時間——文化、教育、健康。

我們看到在這些領域中不牽涉到機械，也不完全以技術導向。關鍵問題在於了解生產力增益循環流至收入與需求中的方式，也就是分配與不均的問題。目前我們所觀察到的是，科技浪潮似乎表現在大幅攀升的不平等現象上，尤其在美國和中國，只見財富大量集中在一群規模愈來愈小的社會階層，而他們儼然就是這個數位時代的新主宰。相對地，科技浪潮似乎並沒有導致全球需求的攀升，以致猶如上一世紀福特時代的惡性循環可能重現。

拉尼爾（Jaron Lanier）在一本不尋常但重要的著作[9]中提出如下的簡單問題：在中產階級之列中，有誰真正地受益於數位化？在中產階級與普羅大眾之列中，有誰能夠僅透過網路、不賺些額外收入就能夠擁有舒適的生活？科技與工作之間的問題並非技術問題，而是社會—政治問題。它依憑的是我們的選擇，而非命運。

不只是機器人，還有網絡

對於自動化的質疑是合理的，但某方面來說，它更是必要的。因為重大轉變並非任務的自動化，而是連接性的提升，意即所有的任務、所有的參與者、所有的程序都從此可以在多重的地理層次上互相連結，連帶創造

9 Jaron Lanier, *Internet , qui possède le futur?*, Paris, Le Pommier, 2014.

出大量驚人的數據可作為新價值鏈的初級原料。工業部門的數位變革並非以機器人取代人力，而是將機器之間、機器與人之間以及人與人之間串連起來的智慧。

工業程序本身並沒有（在不久的將來裡似乎也不會）遇上類似過去引進蒸汽機、工業化學或電力時所發生的巨大轉變。機器人（和「協作式機器人」，也就是可以延展人類動作的合作型機器人，尤其是針對繁重的任務）變得愈來愈有效率，也愈來愈聰明，但它們依舊符合幾個世紀以來的機械化型態。在這一點上，以經濟學家戈登（Robert Gordon）為首、聲稱創新「停滯」的一派人或許並沒有錯[10]。

最近，3D列印（加法的生產，即透過連續吸積作用創造出物品，而不再只是如傳統的機械加工以物質的減法生產）正夯。這是一場重要的變革，在大型工業如航空工程界蔚為風行，但尤其因為3D列印降低了科技生產的進入門檻，使得新興的工匠（即「自造者」〔makers〕[11]）也能夠輕易利用，此一特點令人驚豔。此外，一種分散式的微型工業也因此發展起來，部分地回歸到都市中心。然而，唯有當人們得以取得與交換給工具下指令的軟體之時，這個自造者的新世界才得以存在。組成這場大革新的要素在於普及化的連結網絡。在我看來，這個條件才讓諸如麥克費（Andrew McAfee）和布林優夫森（Erik Brynjolfsson）[12]之流的「科技樂觀者」顯得言之有理。

在工廠內的機器相連並非新鮮事，諸如一九八〇年代汽車工業引進自動化生產線。但這類集成系統在本質上與一系列（數位化）的並聯機具存在著一項差異：在一個集成系統中，任何脆弱的環節都會威脅到整條生產

10 Robert J. Gordon, *The Rise and Fall of American Growth*, Princeton, Princeton University Press, 2016.
11 Chris Anderson, *Makers. The New Industrial Revolution*, New York, Crown Publishing Group, 2012.
12 Erik Brynjolfsson et Andrew McAfee, *The Second Machine Age*, New York, Norton & Company, 2014.

線，機械設備的可靠性要求變得極其重要；而現今的情況是，工廠不再只是內部整合，也變成了某個更大網絡之中的一個環節。不同廠站之間的數據交換，以及數位儀控之服務與財貨的交換，皆重新形塑了策略與組織，不只是對於可靠性的相同要求，從此更加上了對於安全性的要求。有些人稱之為「全球工廠」（global factory），其他人則說是物流的「實體網際網路」（Internet physique）[13]。而接下來，如今已開啟的第三階段會發展得更深遠，因為這一次是把顧客或使用者直接置入生產迴路中。

核心挑戰：使用習慣的數據

在這個新的階段裡，以及人們從中逐利的競賽中，其核心挑戰在於取得使用習慣的數據。在數位化之前的世界裡，廠商對於使用者的預期建立在一般的市場調查上。為了銷售而付出的努力仰賴的是廣告的鉅額費用。一直以來，消費者使用習慣的數據是透過各種類型的中介者和漫長的過程才得以回到生產者手裡。價值鏈被視作一條線性管道，而客戶則位在管道的末端。到了數位化之後，人們對於廣告的信賴猶如自由落體，轉而大幅相信的是親近友人透過社交網絡的水平推薦。如今銷售者也可以在社交網絡上與客戶或使用者互動，因此開啟了無數新的服務商機。

以汽車為例，今日我們經常談到無人駕駛的自動車，Google Car就是其中最受到大力宣傳的例子。這個發展打破人們的想像，但它同時也帶來經濟層面上的其他挑戰。自動駕駛車也是聯網的汽車，因此在這種車的螢幕上操作對於Apple之類的企業來說也是極具策略性的，為了駕駛與乘客而想像與販售的新興服務，顯然可以促使Appstore上再有上百種應用程式問世。汽車業者尋求在這些新興市場上立足，其他第三方服務也是，例如保險業者，他們可能創造出客製化的合約，融入你的駕駛真實數據（隨駛

13 譯註：這是一個開放的全球物流系統，透過封裝、介面和協議架構，建立在相互關聯的實體運送、資料交換與營運。它嘗試透過將網際網路數據傳輸的概念應用到現實世界的運輸物流，其目的在實現全球物流效率和可持續性。

隨付）。

直至目前為止，網路服務使得有關消費者與我們生活的大量數據得以被收集起來，主要受益的則是那些將數據商業化的網路鉅擘。這就是我們所謂的「物聯網」（Internet des Objets），意即物體之間互聯互通以及傳送出使用習慣與環境之數據流的能力提升。它為實業家們開啟了可操作的廣大空間，製造業公司從此得以直接加入爭奪消費者忠誠度的競賽。

一場規模龐大的兵棋競賽展開，其中有三種對奕者：首先是數位企業，由於它們掌握與最終使用者（尤其是智慧型手機）的聯絡工具而得以充分了解如何捕捉到新的價值核心；以及擔憂被超越的各種中介者與分配者。德國人首創一場重大的「工業四．〇」運動，在法國則有更多較分散、規模較小的提案與之呼應，例如「新工業法國」[14]。這項提案的目標不只是、也並非主要以傳統的科技現代化手法將工廠數位化，而是針對網路鉅擘所帶來的重大威脅組織起一道防火牆。大多數的實業家依舊自我局限於一種將傳統作法最佳化的觀點中，駐足於一種科技性而非策略性的「未來工廠」遠景裡。然而，從今以後的挑戰完全是另一回事：典範轉移[15]。

新的典範：平臺經濟

典範轉移將有各式各樣的形式，很可能會令我們大吃一驚。今日，最能中肯描繪出這種轉變的是平臺模式。這是什麼意思呢？幾個世紀以來，企業是建立在內部資源與外部資源之間嚴格的分野之上。為了最終將產品或服務帶給僅扮演買或不買之角色的顧客，企業是從設計與行銷出發的「管道」。

14 Dorothée Kohler et Jean-Daniel Weisz, *Industrie 4.0. Les défis de la transformation numérique du modèle industriel allemand*, Paris, La Documentation française, 2016.

15 譯註：這是一九六二年由美國社會學家孔恩（Thomas Samuel Kuhn）提出的概念，說明科學演進的過程不是演化，而是革命。從昨日的發明中不會找到今日新發明的線索，它必然來自全新的創意和思考邏輯。

相反地，作為平臺的企業則是一個開放系統，或至少是半開放的。其產品或服務的價值創造一方面是來自於供應端，透過動員一群不屬於平臺的貢獻者而得；另一方面則是來自於需求端，透過與使用者的互動以及在交換過程中所搜集到有關這些使用者的大量數據。Amazon的創立者貝佐斯（Jeff Bezos）便是首先意識到這種模式之力量的人之一。Amazon平臺並不自滿於遞送自家產品，它還同時操作供應端與需求端的規模經濟，並且不影響它成為強大且獲利的企業！平臺因此成為某種服膺於管理、技術與經濟規則的「基礎設施」，而不同平臺之間的規則很可能大不相同[16]。

理論上，平臺可能在沒有數位科技的情況下依舊存在。然而，數位科技給予平臺驚人的破壞力。在經濟術語中，平臺立基於所謂的「雙邊市場」（marchés bifaces），由一邊的生產者和另一邊的消費者一同促成互惠利益[17]。一個成功吸引更多商販（因為他們會有興趣集結起來，享受與消費者更有效率的聯絡管道）和客戶（因為他們偏好盡可能地擁有更多選擇）的平臺，其核心概念是網絡經濟，或是「需求面的規模經濟」（économies d'échelle de la demande）。

這就是梅特卡夫定律（la loi de Metcalfe），其明確表示一個網絡的價值和參與者人數的平方成正比。一間傳統的旅行社或是你家附近的不動產商都是雙邊組織，但是當數位科技進來攪局，事情就劇烈地轉變了，如同當梅特卡夫遇上摩爾（Moore）[18]！事實上，數位的巨大力量來自於它所允許之網絡效應的廣度，以及它展現在規模與地理範疇上的能力，再加上非數位時代的世界裡未曾見過的速度。看看Uber或Airbnb切入市場的驚人之速吧！

16 請見 Geoffery Parker, Marshall Van Alstyne et Sangeet Paul Choudary, Platform Revolution, *How Networked Markets Are Transforming the Economy*, New York, Norton & Company, 2016.

17 見 Jean Tirole, *L'Économie du bien commun*, Paris, PUF, 2016. 其中一章便是討論雙面市場。

18 譯註：摩爾定律指出，積體電路上可容納的電晶體數目每兩年便會增加一倍，意即電子計算設備的效能將不斷進步。梅特卡夫定律與摩爾定律皆促進了新科技推廣的速度。

在供給面，我們或許可說透過一九八〇至二〇〇〇年間的廣泛外包現象，平臺經濟將更多大企業串聯起來了。不過，從流動性和規模的角度看來，過去和現在也存在著重大差異。在Apple的Appstore上有三十八萬名軟體開發者，他們都不是下游承包商（sous-traitant）。平臺的世界不是一個產品規格和傳統代工契約的世界。這是一個達爾文主義的世界：「我對你開放我的平臺基礎。請提出你的app，如果成功了，那就算你走運。也算我走運。」柯林（Nicolas Colin）和維爾迪爾（Henri Verdier）提議將這些供應商稱作「平臺上承攬商」（sur-traitant）[19]。

「可擴展性」，意即快速擴張規模的能力，變成了這場競賽的核心。它除了建立在供給面的科技品質，也尤其建立在與同質性高的廣大市場對話的能力，以及快速動員大量資金與法律資源的能力。這些正是美國與矽谷（Silicon Valley）所擁有的決定性優勢，同時也是中國相較於歐洲的優勢；歐洲的市場既破碎，也缺乏可以動員的私人資本以達到這種規模擴張的境界。

數位平臺的第二個面向是較關乎科技的。「應用程式介面」（Application Programming Interface, API）讓軟體開發者之間能夠以流暢的方式與平臺基礎銜接，猶如在一場巨大的樂高遊戲中扮演關鍵角色。其中尤以Amazon為代表，它將這些應用程式介面視作策略核心。「雲端」（Cloud）是主要的基礎設備，也就是指存取互惠的強大演算能力（源自將巨大的伺服器農場使用權開放給第三方以獲取利潤的意圖）。然而，一如佩拉塔（Patrick Pelata）的解釋，「雲端」不只是一項基礎設備：它更是開發者的一個工具箱，裡頭裝滿了大量軟體，理論上能讓開發者靈活地取用[20]。

在今日，平臺經濟廣泛地被網路公司主宰，但是轉型的過程很顯然地會延伸到所謂的傳統部門，它們正受到網路巨擘愈來愈大量汲取價值的威脅。傳統企業對於界線控管的反應和文化差異的衝擊，就是工業現代化程

19 Nicolas Colin et Henri Verdier, *L'Âge de la multitude*, Paris, Armand Colin, 2012.

20 對 xerficanal-economie.com 的訪問，二〇一三年十月二日。

序中的一個關鍵挑戰。無數的工業大廠如今也投入了平臺策略中：舉例來說，一項野心勃勃的平臺計畫「菲利普醫療保健」（Philips Healthcare）最近剛推出，它與三家雲端夥伴合作（Salesforce、Amazon和中國的阿里巴巴）以搜集和分析各種類型的臨床與其他數據，範圍涵括整個醫療體系[21]。

更令人驚訝的是，資本財工業也向這些新興策略展開雙臂。在斯圖加特（Stuttgart）地區具象徵性的家族企業Trumpf，同時也是工具機的全球領導品牌，在卡斯魯爾（Karlsruhe）創立了一間子公司Axoom。該公司提供一個開放式軟體平臺，由夥伴企業（包括Trumpf的競爭對手）組成一個廣大網絡[22]，讓客戶在需要特殊機具時得以靈活地搜集與組裝零件和模組。這是一場真正的文化革命！

---

21 埃森哲（Accenture）公司認為，到了二〇一八年時，百分之五十的大企業將會投入平臺策略中，不論作為領袖與否。見Accenture, "Technology Vision 2016", www.accenture.com

22 見www.axoom.com

第四章　明日世界有什麼樣的工作、什麼樣的產品？

一邊是工業，一邊是服務業，數位又是另一回事：如果我們想要在法國或歐洲的層次上重新思考一套嚴密的「工業政策」，首要條件便是屏棄這種分割[1]。像是「新工業法國」這種部門型計畫是有效的，但真正的挑戰是策略性的、全球性的。在我看來，我們尤其需要的是「水平」（教育、鼓勵創新、資金取得）和「在地」的政策，建立在適切的地方生態體系上。然而，為了理解這個新世界，我們也必須重新思考分類的方式，並且建立長期的願景。

明日的工作會是什麼樣貌？

工作的分類並非先天決定的，有許多可能性。第一個可能性是來自工作形式的劃分。過去兩個世紀以來，設計與想像的工作（偏離直接生產鏈）以及直接投入生產鏈的工作之間存在很大的分野。

前者在十九世紀的經濟裡幾乎被忽視，後來才廣泛擴張。在今日，它是許多部門中最大宗的工作。我們輕忽了這種發展的規模：在大多數的消費品背後，除了直接的生產之外，經常有相同甚至更多的工作機會來自廣告、行銷和管理。

後者是因應生產流而生的，還可以再分成兩大類型，一是「前臺」，二是「後臺」[2]。這兩者之間的分野在各領域間幾乎是通用的。在劇場表演裡，存在著舞臺（on-stage）與後臺（back-stage）；在銀行裡，也存在著前臺（front office）與後臺（back office）。前臺的工作，也就是與大眾、使用者、客戶直接接觸的工作，顯然是為數最多的。在後臺，則是進行維持機器設備正常運作的工作——私人或公營的基礎建設、網絡、系統。少了這些工作，我們的社會就會立刻癱瘓。這些後臺的工作者低調地生活，其中

---

1 見 Lionel Fontagné, pierre Mohnen et Guntram Wolff, “Pas d’industrie, pas d’avenir?”, *Le Notes du Conseil d’analyse économique*, n°13, juin 2014.

2 我在另一本著作中更深入闡述了這一點：Pierre Veltz, *Le Nouveau Monde industriel*, Paris, Gallimard, 2000 (nouvelle édition augmentée, 2008).

有很大一部分是工廠工人，他們不再直接生產，而是負責設法讓機器維持運作。

這種三分法（上游、前臺、後臺）也是一種解讀工作薪資兩極化的方式：發生在要求高度專業的技術性職業與未受應有重視的人際性職業之間[3]。我們還會發現在這三種情況中，傳統的「生產力」（在一定時間內生產愈多）定義是過時的、脫節的。這個概念並不奇怪。對於前臺工作來說，生產力的課題在於成功建立一段關係；對於後臺來說，則是在於確保愈來愈複雜且脆弱之技術系統的穩定性。

還有第二種較為傳統的方法用以分類工作，以及定義其在「價值鏈」中的位置。在今日，「價值鏈」已經逐漸取代昨日的綜合型企業，而且經常拓展成跨國的龐大網絡[4]。在這些價值鏈中，存在著一些策略鏈節讓我們得以吸引到較高的價值。過去兩個世紀以來，生產與製造即是策略鏈節，因為它仰賴的是一種特定的專業技術、競爭優勢的源頭。紡織業與服飾業龍頭曾經就是製造商，但今日的服飾業龍頭已不再進行製造，而是掌控設計、物流與零售通路，諸如Zara、Benetton、H&M這些品牌。

紡織業的這種現象幾乎無所不在：Nike、Apple和其他一堆企業都已成為這種新布局的象徵：設計、行銷和物流的掌控才是策略核心，生產則完全外包出去。這種上游與下游的攀升也表現在工作數量上，因為它們的任務內容要比生產活動較不自動化。這就是我們論及「微笑曲線」的原因，意即工作數量隨著時間推演而呈現愈來愈「U」的形狀。對於一個特定地域而言，不論是以國家或區域為單位，其所面臨的挑戰都不再是掌握某一產業的整體，而是在於如何控制關鍵鏈節。儘管如此，我們必須對於這種新興觀點的簡化版抱持懷疑的態度，並且有兩項重要的反面論點。

3 我不以能力差異區分，因為人際性職業（例如看護工作）通常也很要求能力。此外，學校教育的發展使得文憑可能會更普遍而缺乏鑑別度，因此薪資水平較差或未受應有重視的工作未來將會由學歷很高的人來做，一如我們已經在開發中國家中所見之現象。

4 第七章將深入探討這一點。

首先，一個平衡的就業體系不能只是依賴極度專業的工作、研發中心和銷售業者。經驗顯示，尤其對於發展中的部門來說，設計中心與製造基地的地理分隔太遠將會是有害的，因為確保技術熟練和產品與製程最佳化所需的經驗交流會受到地理分隔的限制。德國的一大強項便是維持這種毗鄰性；而美國的一項弱點便是普遍喪失了這種毗鄰性[5]。

這個問題對法國來說也很重大。在黃金三十年間，已經可以看到設計基地（主要留駐在巴黎地區）與大量遍布在郊區的工廠之間形成強烈區隔。隨著企業國際化，這種區隔變得愈加嚴重。將研發、設計和創意中心留在法國因此是個關鍵，也是較有效率的作法，尤其多虧了「研發稅額減免」（crédit d'impôts recherche）[6]。然而，該留下的不只是研發部門。任憑法國變成一個沒有製造業、「無工廠」（fabless）的國家恐怕將會是一個可怕的錯誤。

關鍵挑戰：吸引並留住遊牧型工作

第三種分類工作的方式是分為遊牧型與常駐型。由經濟學家吉侯德（Pierre-Noël Giraud）[7]發展出來的這種分類法立基於一個很簡單的定義[8]。當一份常駐型工作消失，它通常會在附近重新形成一份新的工作，因為這種工作是為了滿足當地需求，不能出現在距離客戶太遠的地方。舉例而言，如果我的麵包店關門大吉，另一家麵包店便會出現，或是同一住宅區裡的其他麵包店營業收入便會增加。反之，遊牧型工作並非為了呼應地方需求而生。如果一家製造商產出的特殊接頭是被用在全球市場所需的機器

5 Suzanne Berger, *Making in America*, Cambridge, MIT Press, 2014.
6 在法國，企業針對每年的研發費用可享有一定程度的稅額減免。
7 見 Pierre-Noël Giraud, *L'Homme inutile*, Paris, Odile Jacob, 2015.（第三章）
8 此分類近似於地理經濟學中區分基礎型工作（Les emplois de base）與居住型工作（Les emplois résidentiels）。

設備，或是有一家服務全國市場的程式公司，它們一旦消失，並不保證其他類似的工作機會將在同一地方再度被創造出來。

一般來說，遊牧型工作的薪資較高，專業要求也較高，因為它的「生產力」較高，並且處在一個比定居型工作更嚴苛的競爭環境裡。因此，任一特定國家所面臨的挑戰並非如我們經常聽見的——要增加不可外移的工作機會，而是在於如何盡可能地吸引並留住可能外移的工作機會。

吉侯德也強調一個事實：一國財富需仰賴遊牧型工作的相對比例，但也必須依靠常駐型工作所創造之財貨與服務的相對吸引力。吉侯德預估，法國在二〇〇八年約有百分之二十八的遊牧型工作。這些工作並非全都來自於高科技產業或是傾向於名牌與奢侈品的產業，畢竟它們只占了法國工業部門百分之十二的就業機會[9]。因此，需要留住的遊牧型工作不可能只限於所謂的高端部門，它們也尤其會牽涉到所謂的「傳統」工業部門，以及跨國服務業部門。

在一項較近期的研究中，同樣身為經濟學家的弗侯坎（Philippe Frocrain）

和吉侯德都很重視這兩個被他們形容為「外顯」與「內隱」部門之間的相對演進歷程[10]。結果很驚人：在一九九九至二〇一三年間，外顯部門減少了二十萬個工作機會——工業和農業減少將近一百萬個工作機會，由觀光業和其他外顯服務業彌補了一部分（七十八萬個工作機會）損失，而後述兩個部門也從此貢獻超過整體一半的外顯工作機會。相反地，內隱部門則增加了兩百四十萬個工作機會，這是一股危險的轉變。

該如何吸引並留住外顯的工作機會呢？又該如何維持住高品質的內隱部門？這是兩個關鍵問題。

超工業世界的重要特徵之一，也是我將在本書後半部再次探討的，即

9 根據 McKinsey Global Institute, *Donner un nouvel élan à l'industrie en France*, Octobre 2006，該研究指出法國的就業機會有百分之九存在於高度勞力密集產業（服飾業），百分之三十二的工作則被認為「不穩定」（例如汽車業），還有百分之四十七的「大陸型」工作較不受到產業外移的威脅（化學、水泥、食品加工業）。

10 見“L'imbrication croissante de l'industrie et des services”, *Les synthèses de la Fabrique*; La Fabrique de l'industrie; n° 8, juillet 2016. 裡的研究綜述。

是它以「群聚」（cluster）的形式組織起來，也就是由一群相關的產業活動聚集在一起，形成在地化的「生態系統」。這些生態系統以靈活的方式介入各類型的私人或公家單位，供予企業們重要的共享資源以利發展。它們能夠吸引企業，但不僅如此。一旦當「轉移成本」（coût de sortie）——意即損失在當地互動中累積之連結關係的代價——變得夠高，這種我稱之為「黏性」的生態系統便能促使企業從此生根。在這個國與國之間吸引企業落腳之一般條件（稅租、勞動權、商業環境、司法保障等）競爭殘暴的年代裡，發展這種具黏性（轉移成本高）的生態系統因此成為一優先事項。

什麼樣的產品？地球可棲地和身體

「我們曾經有過飛行車的願景，我們曾經有一百四十個字的限制[11]……」矽谷大亨提爾（Peter Thiel）語帶挑釁地說出這段經常被人引用的玩笑話，實是點出了數位時代經常被提出的質疑之一。這段話支持的是一種想法，認為沒有任何出自微電子學和摩爾定律的事物足以和電力、汽車、塑膠、飛機、收音機、電視、自來水或是公共污水處理系統之重要性相提並論。如今，全世界擁有智慧型手機的人要比可以使用馬桶的人還多。網路上一個被瘋狂轉貼的搞笑組圖也說明了，那些自以為改變世界的加州工程師們不過是心智還停留在青春期的大人，為了媽媽不再為他們做的工作而發明可替代之的科技[12]。

更嚴肅地來說，不同於支持「數位破壞」的科技樂觀者，經濟學家戈登將成長的遲緩歸咎於創新停滯。他的觀點立基於一套非常詳盡的論據上。事實上，撇開一部分顯然毫無意義的科技軟體之外，這整場辯論在我看來是被曲解了。因為科技的貢獻相較於例如汽車或家電用品的貢獻，實

---

11 譯注：此處影射的是社群媒體推特（Twitter）曾經有一百四十字為上限的推文限制。

12 "Silicon valley startups are obsessed with developing tech to replace their moms", www.uk.businessinsider.com.

是兩種不同的性質。透過無處不在的牽連，科技的貢獻足以比擬印刷術。數位連結性從根本改變了人與人之間的關係，讓充滿機會的新世界誕生，也打亂並進而重塑了組織結構。

另一方面，即使資訊科技已經無所不在，它確實也不會耗盡創新之能量。其他的研發領域還是很活躍，例如較少在大眾面前論及的物質領域。此外，諸如比爾・蓋茲（Bill Gates）和納森・米佛德（Nathan Myhrvold）投資研究利用非濃縮鈾或是釷為燃料的新型「乾淨」核能電廠；伊隆・馬斯克（Elon Musk）投入於太空和陸上交通工具的研發中；貝佐斯也介入太空領域的研發。在能源、物質和醫療領域中，我們或許正處在將改變世界之重大創新發生的前夕，一如在過去曾經改變世界的電燈或活塞引擎。在這些條件之下將會發展出主宰明日市場的財貨與服務，我們應該對此一展望充滿自信。在推論當前趨勢的同時，我認為這些財貨與服務似乎可能沿著兩大主軸發展：一是使我們得以創造出一種生態經濟、一種「地球可棲地」（ecumene）管理（也是未來數十年間的核心難題）的產品系統

（produits-systèmes），另一主軸則是聚焦於個人福祉與健康的產品系統。

過去一個世紀以來的工業已經將我們的客廳、車庫、廚房、社區和城市裡都塞滿了新穎且迷人的物品。這種發展已碰到了極限，即使它在世界上許多地方無疑地還有一段美好時日。但舉例而言，在亞洲或非洲的城市裡，汽車普及化不會只是氣候或生態觀點上的災難；以這些城市的硬體建設條件來說，汽車普及化也是具體不可行的現象。我們將必須發明出新的運輸模式，不只是基於道德也是基於需求。因此，我們可以預料到汽車工業會從傳統需求中遭遇大量的縮減。

重大變革將不會發生在運輸工具（例如當我們以機動車輛取代馬車時）上，而是在於全球運輸系統的差別。應該重新思考的是城市規畫。對於超工業社會來說，新興領域要比過去大量消費時代來得更廣大也更系統性：重新規畫城市；打造更廣布、更多樣也更分散的能源體系；大規模的自然資源與地域管理；農業生態的轉變。另一方面，儘管如此，我們也可以押注在追求已經高度發展起來的個人化財貨與服務：體態、健康、體育、飲食、娛樂、教育。

一方面是宏觀的系統，另一方面是微觀的個體：捨棄過去主宰了幾個世紀以來的原始粗暴，這兩大創新與投資領域的共通點將是與大自然的複雜性之間更加微妙的關係。生態將會占據愈來愈重要的地位，甚至可能成為主宰。

數位科技（智慧城市、智慧農業、數位醫療）的應用尚不至於潛力盡失，因為我們將會需要更新無數製程的物理與生物基礎。但是主要挑戰會發生在政治面向與文化面向上：該如何建立一個廣泛為人分享的資源經濟？該如何避免著重於個人的經濟模式導致傳媒愚化和群眾自戀呢？

第五章　邁向超工業世界：改變的四大主軸

新生產世界在本質上是建立於舊工業社會的遺風之上，它深化了其原則，因此我稱之為「超工業」，而非「後工業」。這些原則遠早於英國的「工業革命」即存在，例如在威尼斯（Venise）和君士坦丁堡的兵工廠已具備工業化的原則，可說是現代工業的雛型。而且，儘管不如韋伯（Max Weber）的意[1]，這些原則並非西方特有。

不同於我們經常抱持的簡化印象，這些原則通常是在不穩定平衡之下的動態模式：知識的積累和點子的保障，但同時也永久地對於創新保持開放態度；標準化並尋求規模經濟，但同時也受到多樣性的需求引導。隨著進入機械化大量製造的工業社會，這些原則也獲得了無比巨大的力量而足以改變世界。今日，數位化和連結性將世界樣貌重新洗牌；在我看來，有四個面向可以總結最主要的改變。

一種建立於基礎建設與公共知識之上的經濟

被主流的經濟主義扭曲了觀點的我們，將生產世界視作一群互相競爭的公司，各自運用自己的資源。然而，我們忽略了一點：這些資源中有一大部分是屬於集體的、共有的、社會的。我們看到人類活動商品化顯然無可避免的進展，但卻忽略了惟有當這種商品化建立在許多非商業的努力（或者如經濟學者的說法——「外部性」）之上，它才有可能運作得了。這些外部性有時是負面的，例如開採不可再生的自然資源；不過，它們有時也是正面的，例如將科學知識應用在商業經濟中就是其中一種重要的形式，以及愈來愈多在物質上、心智上與文化上的「基礎建設」。

馬克思在談到「一般智力」（cerveau général）、德文則稱作「社會智

1 譯註：以《新教倫理與資本主義精神》一書而聞名於世的韋伯，其一生的學術研究志在彰顯西方現代與理性主義的獨特性，被後世視為歐洲中心論者。

力」（cerveau sociétal）時觸及了核心關鍵。對他來說，「社會智力」尤其體現在各式機具中，以及機械作為一種系統上。他寫道：抽象且集體的知識被安置在這些機器中，已成為主要的生產力，而將片斷的、重覆的人體勞動打入次級甚至邊緣的地位去。

上述最後一項論點顯然有所偏誤，但「社會智力」的觀點在今日再真實不過了。話雖如此，工廠裡的機器再也不是這種集體特徵體現的最主要場域，經濟運作不可或缺的公共資源一部分在於基礎建設的巨大網絡，另一部分則是在於可自由運用的大量知識與創意。我們或許可以此隱喻：經濟從此便嵌入在這兩大層次之中，猶如一般商品生產的地與天。

地：自從馬克思寫作的年代至今，集體（不論是公共或私有的）基礎建設已經驚人地四處延伸：港口、機場，以及海底光纖、衛星、電網、資訊網絡、伺服器農場、雲端、共享軟體等，一同形成了巨大的網狀系統。相較上一個世紀比較單純的基礎建設，這不只是數量上的成長。過去的基礎建設（道路、電報或電話）是從外部將企業與它們自己的工具連接起來，而新型的基礎建設則形成一種籠罩且入侵所有特定生產與交換作業的「環境」。網路不只是一種交換系統，而是允許企業內外部各種活動連結起來的一種無所不在的基礎結構。這個結構是由多個層次所構成。一條路可以獨自存在，但一個資訊網絡需要多重層次才得以建立起來。少了網路的軟硬體設備，撰寫程式編碼的開發工程師就不會存在；沒有網際網路協定（protocole IP），網路就不會存在；沒有微處理器和摩爾定律，網際網路協定也不可能存在。這就像是基礎建設開創在沒有地基的迷宮之上，而且對於其使用者來說是愈來愈隱晦不明了。

天：維繫現代生產的數據、點子、資訊、知識（這些字眼應該有所區分）在某種程度上凝聚於機器和基礎建設中，不過它們同時也流通在各種網絡上、在學校裡、在人與人之間、在對話中、在研談會、飛機和快餐店裡。若回想起英國經濟學者馬歇爾（Alfred Marshall）在論及維多利亞時代的工業區時曾說過的名句：「工業的祕密就存在於空氣中。」有些人恐怕會說現在的情況也沒什麼不同。

除了這些點子流通的層次、多樣性和規模之外，確實沒有什麼不同。有些人稱之為「授粉」（pollinisation）[2]，其他人則說是「科技外部性」（externalités technologiques），但總之是指稱相同的觀察。少了科學與公共知識的接觸，沒有技術或專業社群的交融，現代經濟就不會形成。這個既明顯、巨大且被「社會智力」忽略的事實就處在多種緊張關係的核心位置，影響到了超工業社會的中心制度之一：智慧財產權。在今日，智慧財產權面臨到技術以及知識本質上的危機。既然數位世界的起源是絕對自由主義，那麼如果它成為特權的戰場，也不會是偶然而已。

一種注重關係而不只是交易的經濟

自動化和演算法的無所不在掀起一股新浪潮，以顯然無法抗拒的勢態在我們或可稱作「交易型」的經濟體內蔓延開來。在這種經濟體內，人類的介入僅限於系統的設計與監督。極端的例子便是高頻交易（High

Frequency Trading）的金融活動，即捕捉市場價格在一瞬間的失衡波動而進行操作。我們以此為由在芝加哥和紐約之間架設光纖線路——順帶一提，這是一種全然投機的活動，並無任何社會效益[3]。

普遍而言，市場金融在今日有一大部分活動是自動化的，並且透過演算法來管理，一如大型網絡（交通、能源、資訊）的發展。「交易型」模式的興起也存在於形式化的程序、各種性質的例行程序或是大數據（big data）的自動化處理等活動中。社會學家卡爾頓（Dominique Cardon）指出，在我們的網路日常使用中，演算法沒有如其倡導者以為地那般制約我們[4]。面對網路誘惑，我們的行為反應並未如預期的自動化。反之，我們可能會感覺到在生產過程中，演算法正在主宰一切。

---

2 見 Yann Moulier-Boutang, *Le Capitalisme cognitif*, Paris, Éditions Amsterdam, 2007.

3 見 Michael Lewis, *Flash Boys*, New York, Norton & Company, 2014.

4 Dominique Cardon, *À quoi rêvent les algorithmes?*, Paris, La République des idées/Seuil, 2015.

在我看來，這其中似乎存在著一種觀點上的錯誤。誠然，「交易型」模式正在擴張其領土，但是在現實中，當代經濟變得愈來愈「靠關係」，意即成效高低愈來愈仰賴行為者之間的關係性質（開放的、人際交流的、對話的），並且展現在多種層次上：公司內部、公司與公司之間、公司和其社政與制度環境之間。

這是矛盾之處。隨著各種技術系統愈來愈形成一個整體（以致更加脆弱），效率就愈是源自於「關係」。製造業公司在一九八〇年代便開始意識到這一點。在此之前，泰勒化和福斯化的大規模製造活動試圖以某些方式將「交易型」模式應用在人類勞動上：操作與任務的詳細定義、嚴格規畫的組織結構、操作者之間無水平溝通——總而言之，操作者就如同機器人。然而，當技術系統超越某種複雜性的門檻時（例如在汽車製造業中出現的首批自動化軋板廠），當競爭之激烈促使企業將所謂的「成本外」標準（例如品質）視作優先時，它們就意識到了傳統的泰勒化模式不僅不再恰當，更是變得完全不具生產力。

試圖仰賴動機、激發企業內各成員之間溝通的新型管理模式，經常被視作一種「新自由主義」的思想運動：事實上，在面對諸多強烈的功能要求時，這種模式就是因應之道。舉例而言，為達到一定程度的好品質，需要產品和流程設計者、經營管理者、維修和售後服務者之間的開放對話。不過，這種對話無法在僵硬的交易模式中展開。它或許在金融業這種只操弄符號的地方行得通，但是在工業部門是行不通的。

大多數的經濟學家低估了這一點所造成巨大的後果。在工廠裡，相較於各種資源的品質與成本，成效高低更仰賴的是各種資源組合的靈活度，換句話說就是以關係建立起來的組織效率。一個簡單但真實的案例就能讓人更佳理解這一點：假設有兩個完全相同條件的優酪廠，相同的機械、相同的合格檢驗、十分相近的薪資水平，令人驚訝的是兩個廠的每噸生產成本相差百分之五十。為什麼呢？

這是因為機械的可用性擴大了兩廠之間的差距。在甲廠裡，所有機械都受到完善的維護，而在乙廠裡，機械則經常故障。然而，這一點是直接取決於成天圍著機械繞的團隊成員之間的溝通密度與品質，也取決於他們整體學習、說明與管理事件的能力，這些要素從此構成了工作的基礎。

這個例子是可以概括而論的。在大多數的現代工業廠房中，「機械生產力」要比「勞動生產力」具備更重要的經濟影響。它造成了不同廠房之間非線性的巨大差異，而且它首要取決於關係的品質（這一點也連帶解釋了為何勞力成本較高的工廠通常有較佳的成果，包括在生產成本上的表現）。

然而，對一個工廠來說重要的要素，也會以其他形式而對於企業整體、企業間網絡、各種產業部門、工業結構和特定地域來說很重要。不同於一筆金融交易，生產部門參與者之間的交換需要足以建立相互保障和信賴的時間、記憶和共享經驗，以加速學習並逐漸創造集體成效。

既然地理分布會影響到關係與共享智慧的真實結構，而不只是一種被動的毗鄰性，那麼上述論點便充分地解釋了其日漸重要的角色；就其他層次而言，它也解釋了種族、宗教、文化、技術之分布在當代生產經濟中愈加顯著的重要性，換句話說就是所有可產生自我認同的社會形式。惟有當關係的品質補充了交易的縝密性，互相連結而形成網絡的工業才運作得了[5]。

一種固定成本和「獨占競爭」的經濟

社會大眾對於變動成本（首要便是薪資）最常有的印象，是視之為全球化競爭和工作機會重新分配的原動力。當然了，這場尋求最低薪資、最差工作條件和最少環境限制的競爭確實存在，例如二〇一三年的熱那大廈（Rana Plaza）事件[6]就哀傷地描繪了出這樣的悲劇。

但即使是勞力密集的產業如成衣業、皮飾業、玩具業，除了薪資高低

5 Dorothée Kohler, "La compétitivité relationnelle, enjeu de la révolution numérique", *Les Échos*, 5 avril 2016.

6 譯註：事件發生在孟加拉，一棟八層樓的大廈出現龜裂情況而被勒令關閉，其中有幾家獨立的服裝工廠不顧禁令而依舊要求工人上班，結果就在二月二十四日發生大樓倒塌事故，計有一千一百二十七人喪生。

之外也有其他因素會被納入考慮：與最終消費市場的距離、物流的彈性與反應。對中國來說，相較於薪資競爭優勢——這項優勢很快地便消失，今日已移往其他薪水便宜十倍的地方，像是南亞、東南亞和非洲如伊索比亞——彈性與反應的優勢更來得重要。此外，在季節性的部門如大眾電子消費品，中國企業能夠以驚人地的方式調節員額，這是歐洲和美國企業都辦不到的。

今日，中國尋求的是脫離這個供應鏈末端的位置[7]。它也要加入超工業社會的核心，即競爭形式特別取決於對固定成本的掌握，尤其是設計和投資成本。為什麼這種競爭形式會在今日變成主流呢？首先，隨著自動化，幾乎所有部門都變得高度資本密集。因此，就如同我在前文所提及的，善加利用昂貴機械設備的能力更仰賴的是產品最終成本的結構，而非變動成本的縮減。

接著，在各種費用的組成中，占比愈來愈大的一部分是來自於預期固定成本，這類費用是用在設計、品牌拓展、掌握經銷網絡等。這一點在著重創新的競爭中至關重要，導致研發的先期費用攀升至企業不再能獨自負擔的程度，例如藥品業的狀況。至於服務業的幾個大部門如公衛、電信、能源、都市公共服務等，都需要仰賴非常重大的基礎建設，以致其營運成本相較於投資成本要低得多。

在軟體產業裡，這些特點被推向了極致，即複製生產的成本幾乎為零，但是需要（集體的）重大基礎建設，如網路、雲端等。投入這個領域的企業面臨很高的風險，因為它們的成本主要發生在生產之前。如何快速取得鉅額資金因此成為一項關鍵優勢。「可擴展性」（scalabilité），即快速擴張規模以盡可能地進入最大市場的能力，遂成為成功的核心準則，對於新創企業來說也是[8]。

7 鴻海科技（Foxconn）的老闆郭台銘在深圳雇用了十萬名工人，專門組裝Apple的產品。他已買下夏普（Sharp），並且採購大量的機器人。中國也剛決定要投入超級資本密集的半導體產業，以減少對於美國和臺灣的依賴。

8 Eric Ries, *Lean Start-up*, Montreuil, Pearson, 2015.

這個環境造就了一種截然不同於立法機關持續推動的「完全競爭市場」競爭型態，尤其是在歐洲。由於每多生產一個單位都可以讓平均投資成本降得更低，其規模收益之大，促使現在的主流趨勢是仰賴財貨與服務的差異化策略，在或多或少講究專業化的利基市場上追求獨占地位。這個差異化的面向是關鍵，一旦少了它，我們達到的只是「自然」獨占，由規模最大因此最有效率的企業囊捲整個市場。然而消費者眾，人人的喜好各異，所以市場上會呈現一個不穩定的（準）獨占，而競爭永遠存在[9]。

這種新的局勢不僅局限於科技企業，只要看看網路鉅擘之間的激烈戰鬥，就可以得到最完美的詮釋。位於矽谷的企業享有來自成功前輩的資金回流，還有一大群來自世界各地無可比擬的優秀人才。在歐洲，這種資金回流是難以取得的，企業必須大幅依賴大眾投資。由於網絡的外部性，集中化會產生很強大且極為快速的效應，但這樣的平衡也是脆弱的，因為它取決於消費者的忠誠度，而消費者可能在轉瞬之間就倒戈投向「獨占」鄰居的懷抱。

一種社群的經濟

組織就是「與平凡的人們一起做不平凡的事情」。彼得．杜拉克（Peter Drucker）的這句名言很妥切地扼要總結了最近一個世紀以來的產業現象，尤其在美國引起回響，因為那兒是由一群移民們在沒有工業傳統的基礎上，建立起了強大的工業部門。奇蹟之處在於形式化的方法和龐大的階層組織，讓大量不講究專業的財貨生產與服務工作得以極為複雜的方式聚合起來。

然而，我們現正經歷的巨大轉變是：龐大組織的介入不再是實現這種聚合的唯一途徑。個人行動的力量從此可以擴散開來，而不必透過企業和官僚組織的中介。我們可以不經由「大型」組織就做成「大事」，例如研發

---

9 這是一九三〇三年代由一群劍橋的經濟學者如錢伯林（Edward Chamberlain）或羅賓森（Joan Robinson）所研究的「獨占性競爭」模型。日後則是沃勒（Michel Volle）進一步發展並將它理論化，*Iconomie*, Paris, Xerfi Economica, 2014.

極為複雜的軟體[10]。

數位顯然在這場變動中扮演了中心角色，但是我們必須注意到的是它早在網路時代之前就已經發生，而且有多個根源。科學機構長期以來是建立在一個水平分布的模型上，唯有同儕可以作出品質的評斷，並且遵循開放式的合作程序以及由「社群」認可的有效性。因此，如果「點對點」（peer to peer）的新興生產模式與科學界帶有十分相近的價值觀——例如這種很特別的極端平等主義和對於英雄與明星的超級菁英主義式崇拜——我們也不需要感到訝異。

另一方面，自從一九八〇年代以來，大企業的瓦解加速發生，而社群式的生產模式也顯得像是這股潮流的終極版。相較於傳統的階層制度，將生產活動拆解與外部化，讓供應商之間進行競爭——逐漸地也發生在網站之間、團隊之間，甚至是個人之間——顯然是一種引導成效較有力的作法。由此可見，這種讓某些企業領導者嚮往的新模式截然不同於過去中央集權式的大企業：它採取協作中心的模式，完全彈性地運用資源，工作本身被重新定義成一種流體資源，其組成者為一群可隨意動員的獨立工作者[11]，有些顧問稱之為「人力雲端」（human cloud）。

因此，許多企業從此像是變化莫測的星雲。有些企業會為了推出一條新產品線，而隨選聘雇適合的主管。「流動勞動力」的趨勢在一些領域具備發展優勢，而「隨選服務」經濟就是其一[12]；不過，這股轉變的潛力是更為廣泛的，任何部門都逃不過它的影響。

我們必須了解到，隨著這些改變發生，工薪制度的本質也會出現影響深遠的修正，也就是指在司法和社會方面對於個人為公司的集體活動效力

10 長期以來，Unix的發展就是這種去中心化發展的標準案例，透過一群網民形成的開放社群（但有很嚴謹的組織結構）運作起來。

11「數位科技讓我們得以將適合的任務交由優秀的人以流動的、彈性的、準備好面對變動且反應快速的工作力去處理。」節錄自Accenture, "Technology Vision 2016 Trends", 2016.

12 超過五千萬名美國人（約占全國勞動力的三分之一）從事「自由業」工作（freenlance，一般是用來補充另一份工作的收入，而且幾乎總是部分工時）。

之規範。事實與法律之間的落差愈來愈大，因為即使當正式的勞動法規沒有改變，工作仍變成了一種服務的提供、某份計畫的契約關係，並且服膺於工作目標而非工作方法的管理邏輯。這個現象已經在企業管理階層中發生，但是今日更擴散到了愈來愈廣泛的員工範疇，甚至是工人。

由此，我們估量這些變化存在著非比尋常的矛盾。一方面，它們開啟了前所未見的工作解放之可能性，加強個人的貢獻能力。然而同時間，對於不到四個世代以來（在歐洲）為了團結和保障而針對工薪制度建立起來的防禦與規範機制也因此面臨了重大風險，未來幾十年的任務將是重新設計行政與司法架構，讓我們得以善加利用這些改變的正面效益，並且重新定義風險的共同承擔原則，以避免風險被單純地推給了轉化為「不穩定無產者」（precariat）的員工們來承擔。

第六章　從垂直分層的世界到群島並列的世界

二〇一二年至一三年，查彭提耶（Emmanuelle Charpentier）、杜德納（Jennifer Doudna，柏克萊大學）和張鋒（麻省理工學院和哈佛大學）發表了他們在基因工程新技術上的研究成果，該技術名為CRISPR-Cas9[1]。該技術為基因操作帶來了革命性的觀點，作用尤如較傳統技術快速且便宜的複製—貼上工具。這項非主流的研究主題因此在近年來變得頗受歡迎，估計在全球有上千個實驗室從此採行這項技術或是試圖強化之。

這是當今世界的創新點子幾乎能夠即時傳播的一個實例。這種全球性的技術同步性造成了一個極端的後果：它導致決定經濟體構成的其中一個古老力量幾乎化作烏有——實際的地理距離為創新和經濟活動提供的保護。

科技傳播的時間尺度

長久以來，科技傳播的時間尺度是以世紀為單位。羅馬時代的貴族階級迷戀絲綢，但是羅馬從來不曾和絲國（le pays des Sères）[2]直接接觸。當時，珍貴的絲綢只會透過一條中介的路徑來運送。將近三千年之間，中國進行絲綢貿易但未曾將祕密傳播出去。一直要等到中古世紀末期，絲綢的製作方式才在西方發展起來，又到了十九世紀才被工業化。除了絲織品，瓷器和其他無數的產品與製程也是如此。因此，直到十七世紀末之前，地理距離仍足以為「工業祕密」建立起一道強大的保護牆。地理因素對於創新點子的流通障礙逐漸抹去的歷程是一段漫長且複雜的歷史。即使可能有過度簡化的風險，我們大致可以將它分成四大階段。

首先是長途貿易，它利用了地球上不同地區的潛力差異、不可複製的製程與產品特色，以及驚人翻倍的價格來維持這種地理差異。「布勞岱

1 發音為「Crisper」。
2 譯註：戰國至東漢時期，古羅馬史學家以此稱呼與絲綢相關的國家，一般認為是指當時的中國絲路一帶。

爾」[3]筆下的全球經濟沿著不斷變動的海陸路線，將依然彼此陌生的科技世界連接起來。其中扮演關鍵角色的是城市和主宰城市活動的金融商人，背後則有尋求減少風險和形成獨占的國家權力和軍事力量撐腰。

在一段長期轉型中，這種尋租——高風險、高利潤——的資本主義逐漸被一種著重生產的資本主義取代。後者是建立在區域性（並逐漸轉變為全國性）的技術專業化基礎之上，其中扮演關鍵角色的不再是商人，而是實業家和投資者。在這樣的世界裡，技術的地方適切性依舊很強烈。為了複製英國的鋼鐵工業，必須吸引英國的工人前來歐陸。接著是鐵路、蒸汽船、電報：「第一波全球化」——在一九一四年世界大戰之前的幾十年間——逐漸將西方世界的工業化觀念與技術大規模地擴散開來。全球的工藝技術水平逐漸趨近，但依舊存在著不均。

第三重要的時期是二十世紀的後半葉。跨國企業浮上檯面，並逐漸地確保所謂的「科技轉移」最重要的部分。這個一九五〇至七〇年代的世界是一個同心圓的世界，表現在美國強權的形成上。雷蒙德．弗農（Raymond

Vernon）的「產品的國際周期理論」（théorie du cycle international du produit）以非常適切且簡單的方式描繪了這個現象[4]。

在同心圓的中心，我們從此只見到一個匯聚了所有產品與製程創新的國家——美國。這個國家擁有最高的所得水準、最複雜的市場需求和最強大的研究能力，因此它可以推出高價位的產品，尤其是針對本國的內需市場。此外，其學習效應可以降低成本，並且使製程與產品標準化。生產活動與市場於是可以移往其他先進國家（歐洲和日本）。

最後，位在同心圓第三層的是發展中國家，這個擴散的過程接著影響到它們，但由於內需市場較小，其影響規模也較為局限。因此，美國和歐

3 譯註：布勞岱爾（Fernand Braudel）為知名的年鑑學派史學家，在歷史研究上主張從地理時間、人文時間、個別時間三個層次來探討。其名作《菲利浦二世時代的地中海和地中海世界》不若傳統的歷史寫作以政治、軍事史為主，而是先從地理環境出發，其次探討社會經濟型態，最後才以這些為基礎以說明當時的政治軍事等事件。

4 Raymond Vernon, "International Investment and International Trade in the Product Cycle", *The Quarterly Journal of Economics*, vol.80, n°2, mai 1966, p.190-207.

洲的新產品（和新製程）採用曲線大約差了十年。只要了解美國的採用曲線，就可以預期十幾年後的歐洲市場將是什麼樣貌。弗農的文章寫成於一九六六年，隔年也是塞爾旺-舒海伯（Jean-Jacques Servan-Schreiber）的暢銷著作《美國的挑戰》（*Défi américain*）[5]和賈克・大地（Jacques Tati）的作品《遊戲時間》（*Playtime*）[6]的問世之年。

從階層化的世界到多極化與網絡化的世界

弗農生存的年代在法國被稱作「黃金三十年」，也具備了層層迭迭的地理特徵，我們可以概括如下：

⑴國家的空間特徵表現在大相逕庭的「科技成熟度」指標上。

⑵這些指標在國與國之間的差異極大，而在一國之內則顯得較為一致。舉例而言，巴西擁有由跨國企業建立起來的「現代」汽車工業，但是這個產業受到高關稅的保護，其生產力水平則低於美國或

歐洲的工廠。

⑶這些地理上的全球差距也是時間上的差距，國家或區域間的發展差異會隨著時間逐步縮小。

然而，這三項特徵被一九八〇年代左右浮現的新國際化型態完全地改變。弗農的世界讓位給了一個截然不同的世界。

⑴科技水準的地理分布不再以弗農的同心圓區域分層。尖端科技在世界各大洲同步存在。

⑵分歧與差距不再表現在國與國之間，而是在一國境內顯現出某些極端。巴西的新汽車工廠從此直接面臨全球市場的挑戰：它們的生產力水平與德國或法國的工廠相當（或甚至因其近來的特性而擁有更

5 譯註：本書為探討歐洲與美國經濟關係的暢銷著作，作者主張美國已對於歐洲大陸形成「殖民化」的威脅。書中檢視歐陸比美國弱勢的原因，並且提出解決方案。

6 譯註：這是由法國導演賈克．大地自導自演的一部劇情長片，名列英國電影協會公布之影史上最偉大的五十部電影之一。

高水平）。這種「世界級」工廠同時也與當地工業活動的平均水平相當脫節。

(3)與創新同步運作的是規則，但其效應尤其表現在「極」（特別重要的經濟、商業中心）的網絡中，唯有這些地方能夠提供參與全球競賽並從中獲利所需之有形與無形的基礎建設。

這個世界變得既同質又分歧。我們從一個階層化的世界進入了一個「多極化與網絡化」的世界裡。不若佛里曼（Thomas Friedman）在他的全球暢銷著作《世界是平的》[7]中所聲稱的「平坦」，這個世界反而變成一個多極點之間互相連結的群島，資源也愈來愈集中在某些人手裡。

研發與創新的新格局

誠然，這種多極化與網絡化的組織並非新鮮事，但它正在大幅強化中，而研發領域的全球格局轉變便足以貼切地描繪出這種現象。

一方面，我們看到擴散效應的規模之廣。在第二次世界大戰後的幾十年間，美國壓倒性的主宰地位逐漸被一個更加平衡的格局所取代，其中尤以亞洲崛起最為顯著。在二〇〇二至一三年間，東亞地區（日本、韓國、中國）的研發費用占全球研發費用的比例從百分之二十七上升到了百分之三十七。二〇一三年，北美地區（美國、加拿大）只有百分之二十九，而歐洲則是百分之二十二。我們將會注意到這個「均衡」仍然遺漏了非洲、南美洲、中東和中亞等地，這些地方整體的研發費用僅占全球的百分之十不到。即使印度也沒有占多少比重（百分之二・七），非洲的研發費用平均每年每人十三美元，東亞（日本、韓國、中國）則是六百一十四美元。我們必須進一步明確地指出，亞洲的研發費用尤其是發生在發展階段，占了超過八成的比重。至於基礎研究則依然由美國與幾個歐洲國家主宰。

不過，再均衡力道再次無庸置疑地傾向亞洲。在過去近十年間，如果

7 Thomas Friedman, *The World is Flat*, New York, Farrar, Straus and Giroux, 2005.

我們檢視全球最常被引用（前百分之一）的科學文章，並且按國家的規模大小計算比例，則美國占了預期平均數量的兩倍之多，歐洲的倍數提升到一至一．三，而中國則是〇．四到〇．八。自過去遺留下來的趨勢，美國在專利權和特許權的收入方面依舊占據壓倒性的優勢地位：二〇一三年大約有一千三百億美元；相較之下，歐洲是五百五十億美元，而印度與中國加總起來僅有不到十五億美元。[8]

因此，一如工業部門的狀況，這個擴散是相對的，而新興國家的「跟進」事實上僅限於極少數的例子。不過，令人震驚的另一點是在國際之間非常強烈的極化現象。矛盾之處在於，表面上看似動員了最具流動性資源（資訊、知識）的研發活動，其空間分布事實上卻是最集中的。全球前十大區域集中了百分之四十的全球生產毛額，以及百分之七十五到百分之八十的研發費用。在法國，約有百分之四十的研究活動集中在巴黎地區。在美國，科技都會區（尤其聚集在東岸和西岸）與其他地區的對比呈現戲劇性的擴大。我們將在後文中回頭探究這一點。

在亞洲，研究與創新活動也非常大量地聚集在沿海大型城市。或許令人吃驚的是，網路的無遠弗屆竟沒能打破這種極化現象。事實上，在科學和科技領域中，面對面建立起來的關係依舊是關鍵[9]。在運作規則清楚嚴謹的世界裡，網路可以很有效率地加深各極點之間的關係，但是要打破極化現象，讓不同的文化與規則之間產生連結，網路卻是很沒有效率的。

人的流動，是科技全球化的原動力

在弗農生活的國際世界裡，企業資本的流動是打造全球科技地景的主

8 National Science Board, *Science and Engineering Indicators 2016*, Arlington, National Science Foundation, 2016/1

9《自然》（*Nature*）期刊有一系列深入探究此一主題的檔案文件，其中清點了無數的實證研究，確認地理毗鄰之重要性不僅依舊存在，還持續加重中。請看"The Geography of Discovery", *Nature*, vol.533, 5 mai 2016, p.40 *sq*.

要力量，標準的衡量單位則是「國外直接投資」（Investissements directs à l'étranger, IDE）。而在新世界裡，人才的流動、專業社群的拓展、科學與技術移民扮演了首要角色。誠然，當「在地內容」和科技轉移的責任伴隨著愈來愈多的國際投資，因此跨國企業的角色依舊很重要，但有兩件新進展攪亂了這盤傳統布局。

首先是研究型大學以及與產業結合的複合型大學從此成為了核心，扮演愈來愈吃重的角色。美式研究型大學（在美國還有無數種變化的型態）在全球發展得很成功，許多國家皆努力複製之。自從第二次世界大戰之後的幾十年間，這個模式依循慣例將重心擺在基礎教育與研究（充分地用歐洲移民的長處）上，直到一九八〇年代（一九八〇年通過了拜杜法案〔Bayh-Dole Act〕[10]），當這些大學終於能夠享受到它們努力研究的價值，這個模式才發生了重大轉變。許多企業開始接近學術研究機構，支持它們進行那些已經變得太昂貴、若無金援便會被放棄的基礎研究，以便獲取重要的研究成果。

我們注意到這種促使校園如同開放性「生態體系」的模式在全球逐漸發展起來，聚集了大專院校、大小企業、新創企業等連結兩個世界的機構，以及育成中心這種或多或少由風險資本支持的形式。直到一九五〇年代，矽谷還只是一片廣大的果園，生產出口銷量達世界第一的李子和杏桃。一所沉睡中的大學（史丹福）矗立在此，今日已成為學術界的典範。在波士頓、許多亞洲（新加坡、香港、北京、上海）和歐洲（劍橋、慕尼黑、巴黎）的大城市、以色列等地，皆依循類似的發展途徑。這些校園在全球網絡中作為節點，研究人員與學生的流動使之更加生氣蓬勃。

我們經常談論「高等教育的全球化」，但這種說法是偷懶的，因為它涵括了非常分歧的幾種進程。絕大多數的比例上，高等教育依然是一個範圍狹小的活動，局限於一國或是一個地區內。多虧有了網路，全球化的初始

10 譯註：該法案鼓勵研究人員和機構利用著作權、專利權等方式，保護自身研究成果並賺取利益。

形式之一便是創造出了遠距教學此一強勁的私人產業，著重在基礎能力（英文、資訊、會計）的建構上[11]。

人們預期這種產業將有美好的前景，因為資訊最終為教育帶來了成為主要獲利來源所缺乏的要件：規模經濟。從此以後，教室無所不在，而且一些投資者已清楚意識到這一點。此外則是頂尖大學作為研究與創新「中心」的全球化，吸引了卓越領域的教授與學生們。關於這一點，美國的吸引力至今所向披靡。每三位博士生中就有兩位是資訊相關、經濟學或工程相關領域。主修物理和數學的學生中，有百分之五十五是外國人，其中又有大多數為亞裔學生。二〇〇八年，清華大學與北京大學（位在北京的兩所大學）超越柏克萊（Berkeley）大學，成為美國博士生的首要來源[12]。此一事實在亞洲和美國之間建立了強大的經濟、文化與地緣政治關係，而歐洲直到今日仍難以匹敵。

第二個新的進展與這種頂尖大學的崛起有關，也就是人力流動日漸扮演的重要角色。全球科技的新世界愈來愈擺脫形式化的擴散渠道：一位英國人在日內瓦（Genève）的歐洲核子研究機構（CERN）發明了網際網路；一位芬蘭學生動員了許多網民創造出Linux核心，成為首要與微軟或Mac OS作業系統競逐的自由軟體；一位瑞典人和一位丹麥人在愛沙尼亞的塔林（Tallinn）創造了Skype。

「忽略腦袋的漏洞，想想思想的散播」，柏克萊地理學者薩克瑟尼安（Anna-Lee Saxenian）寫道[13]。她曾經仔細研究過「海歸學子」所扮演的角色，意即印度人、臺灣人、中國人、韓國人或以色列人在美籍學校學成歸國後，暫時或永久地創立了公司，有時甚至是打造了整個產業，一如臺灣的微電子產業。除了矽谷之外，以色列和臺灣在今日擁有全世界最活躍的風險資本產業。一方面，移民在美國的新創企業中占有重要的分額，但他

11 Ben Wildavsky, *The Great Brain Race*, Princeton, Princeton University Press, 2010.

12 John Brainard, "Graduates of Chinese Universities Take the Lead in Earning American PhD's" *Chronicle of Higher Education*, juillet 2008.

13 Anna-Lee Saxenian, *The New Argonauts*, Harvard University Press, 2007.

們也將愈來愈多的精力與成功的欲望投資在自己的祖國，於是與美國的科技重鎮編織成了多重夥伴的關係。多虧了這些關係，印度、中國和臺灣不再只是單純的承包商，而是產品與製程共同發展的地方。在一九六〇年代，當新加坡開始逐步在價值鏈中攀升，並且向跨國企業鋪上紅地毯歡迎的同時，臺灣則是由一代在美國受教育的工程師，以華人的矽谷模式激發出一場頗為自主的發展。直至今日，新加坡付出大量心力以吸引最佳的人才，並且成為全球生物科技學者轉移的首要之地。

在多個極點連成網絡的世界裡，頂尖國家和其他國家之間在弗農時代壁壘分野的僵固性變得不合時宜。某些我們以為較弱的極點搖身一變成了全球的十字路口。例如深圳這座典型的工廠城市，如今已成為了硬體方面的創新之都，吸引全世界的新創企業前來。沒有什麼地理的必然性會抑制創造者的創造性。在行動科技的領域中，今日是由中國與加州一起引領起舞，而前者的重要性甚至超越後者。

第七章　全球價值鏈：分裂

在亞當・斯密所提出知名的大頭針製造案例中，每一位工人都專精負責一項工序，讓一連串的任務集中在同一個工廠裡。而想像今日在全球層次下的大頭針製造，生產鏈被拆解成了分散世界各地的工序。兩股力量可以解釋這種分裂：「交換成本」的劇烈下滑，意即運輸成本和關稅與非關稅的成本；資訊提供了協調龐大分配體系的可能性。這些力量打造出一個工業的跨國生產鏈網絡。「世界製造」變成了準則，例如iPhone與Apple，便是由來自十個國家、幾百個供應商的零件組合而成。

然而，這種分裂只闡釋了新世界的一面，因為所有在全球空間裡組裝與拆解的生產鏈並無法形成一個波洛克（Jackson Pollock）筆下那難以辨識的線團[1]。這些生產鏈深植且交錯在交換活動的中心，並且持續增強作用。分裂與極化：這是超工業社會的一體兩面。而我們必須一起分析它們。以下這個章節便特別探討分工，下個章節則處理極化的問題。

分工

如同亞當．斯密的年代，工作的專業分工依舊會是生產世界的火車頭，並且會以兩種形式推進。首先是因市場規模允許而形成的新興活動。舉例來說，在一座大城市裡，專業化服務會十分興盛，但是在一座中型或小型城鎮裡，你只會發現最需要存在的服務。

隨著網路的興盛，這個古老的專業化邏輯更被大大地強化，因為網路打破了可進入市場的規模局限，允許財貨和服務的供給呈現出獨一無二的複雜度。這就是安德森（Chris Anderson）所稱之「需求的長尾」（longue traîne de la demande），也就是在經濟合理的條件下讓極度專業化的微型市

1 譯註：波洛克為美國著名的抽象表現主義畫家，其獨創的「滴畫法」是以反覆無意識的動作將顏料滴濺在畫布上，形成複雜難辨、線條錯亂的網。

場存在的可能性，這是在傳統配銷體系中絕對不可能產生的市場[2]；舉例來說，這個情況已經打亂了音樂市場。另一方面，生產工具微型化如3D列印機則令人期待「供給的長尾」（longue traîne de l’offre）發展起來，同時為新興的數位手工業打開微型利基市場的可能性，而且不僅限於地方層次，也可能發展到區域甚至全球層次[3]。

第二種形式是把一組任務拆開，形成許多各自獨立的新任務。在製造業活動中，專業化的服務型任務急速增生，便是這種形式的一個明證。在各類型的活動中，資訊類任務（管控、指引、追蹤）被分解成各項實體活動，使得新興職業隨之誕生。分工經常和組織架構有關。

多虧了網路，分工也愈來愈常牽涉到空間分布。舉例來說，客服中心的外包就是我們生活中經常遇到的狀況，而我們也已經習於聽到一個位在卡薩布蘭卡（Casablanca）或達卡（Dakar）的接線員在電話中向我們解釋如何讓洗衣機再度運轉起來。時區的差異讓紐約辦公室得以在夜間透過孟買的員工來處理文件，這種策略已經不再稀奇。數位世界提供了幾乎無止境的分工可能性，因為將軟體任務模組化要比將硬體任務模組化容易得多了（尤其可參考如今API和雲端所扮演的角色）。

從國際（international）全球化到跨國（transnational）全球化

生產網絡的全球延伸並非一件新鮮事。在鋼鐵或煤的運用普及之前，棉花產業作為十九世紀的主要工業，自一八五〇年以來就已經成為一門徹頭徹尾全球化的生意。不過在一八五〇年，這種全球的系統性整合還是特例，直到第一次世界大戰前的幾十年間，隨著約定俗成稱呼之「第一波全球化」的興起，這種整合才延伸到了其他部門。一九二〇至八〇年代，我們經歷了各國退縮和封閉的階段，此後才又重新掀起全球整合的浪潮，使

2 Chris Anderson, *La Longue Traîne*, Montreuil, Pearson, 2009（2004）.

3 Chris Anderson, *Makers*, *op. cit.*

我們進入現在的全球化階段。十九世紀末和我們今日生活的年代都有全球化的現象，但是務必要注意到這兩個期間存在的根本差異。

在「第一波全球化」以及此後直到一九八〇年代的交易活動中，參與者是各個國家經濟體。不同類型的部門形成「產業聚落」，從產品設計到製造等各種活動以及所有供應商網絡都群聚成為一個產業的軸心。舉例來說，法國的汽車產業幾乎集合了所有在法國的汽車製造工廠及其供應商，集眾人之力與德國、美國的汽車產業競爭。

在一九七五年至八〇年之後，各國再度採取開放的態度，我們首先經歷以跨國企業擴張為主的一段轉型期，而後形成了現今跨國的分配價值鏈。經濟學家鮑德溫（Richard Baldwin）將這個新階段的興起歸功於資訊科技及其所具備的協同能力[4]。事實上，由於貨櫃化和貨櫃尺寸的驚人提升以致海運的規模經濟效應爆炸性成長，運輸成本進一步滑落的結果也支持了這個新階段的發展[5]。對於大多數的產品來說，海運成本相較於產品價格之微薄已經差不多足以忽視。海洋的長距離雖然造成時間差，但是幾乎沒有成本！若是少了海運經濟，我們恐怕無法想像中國的製造業與出口業得以大幅竄起。

一九九〇年代和二〇〇〇年代的全球化立基於全球價值鏈（global value chains, GVC），打從根本不同於過去幾個階段的全球化。我們經常將它定性為「高解析度的全球化」，或是「紋理細緻的全球化」，因為它加劇了分工邏輯，把必要活動的鏈結拆散，依序以一連串的步驟來創造一項財貨或服務，而且這些步驟有時非常細瑣（例如針對一項元件進行品質檢測），在地理上極為分散，並且牽涉到各種企業、供應商和服務業者。掌握這些價值鏈的公司會以全球觀點為每個步驟選擇最適合的供應商和生產

---

4 關於全球價值鏈的文獻極為豐富。欲得到一套綜述，請見 Richard Baldzin, "Global Supply Chain", *CTEI Working Papers*, Genève, 2013, www.graduateinstitute.ch/ctei.

5 Antoine Frémont, *Le monde en boîtes. Conteneurisation et mondialisation*, Synthèses Inrets, n°53, janvier 2007; Marc Levinson, *The Box*, Princeton, Princeton University Press, 2e édition, 2015.

地。祕訣在於：「到處採購你的元件、到處生產、到處販售。」言下之意就是：依照每筆訂單、每道工序，為你自己找出最高收益的組合。物流在過去僅被企業視作一項服務性功能，不受重視，如今則（因為其資訊與物流追蹤系統的雙面性）變成了一項策略性功能。

這種高解析度的全球化在方方面面都扮演了要角：它結合了貿易、投資、專業人才的流動，以及智慧財產權的協定，尤其後者從此將是國際布局的關鍵要素。當然了，並非所有的財貨與服務皆適用於這種生產分工的形式。在一些部門裡，例如汽車業，價值鏈依然大多停留在洲際層次（例如德國和中歐國家組成的聯合企業），農食品業或水泥業更是不適於全球分工。毫無意外地，價值鏈網絡延伸最廣泛也最破碎的是高度模組化的科技產品（電腦、電子儀器、智慧型手機），主導其市場的是北半球的跨國企業，但我們也會發現一些南半球的跨國企業、微型跨國企業，甚至是全球化的新創企業。如今已不再需要是大企業才能投入一場全球戰局了。

這種跨國全球化造成困難的衡量問題。它摧毀經濟學者和統計學者的

「方法論國家主義」（nationalisme méthodologique）[6]，因為所謂的「國際」貿易已經極為廣泛地變成了零件或中介服務的貿易，為部門內部或甚至是企業內部在跨國價值鏈中的交換行為。國際貿易毛額（國家貿易出超和入超）從此變得難以解譯。當我們以國家為單位來計算「附加價值」時，我們會得到相當不同於以貿易流計算的結果。舉例來說，美國對中國的嚴重入超和歐洲對中國較輕微的入超現象，若是改以附加價值來計算，結果就會非常不同[7]。

這些計算讓我們得以定位不同國家在全球價值鏈中的介入深度。法國位於中間，不高不低，與德國相去不遠。了解出口中有多少比例的附加價

6 譯註：由於民族國家成為世界政治的最重要行動者，某些社會科學領域的學者遂特別專注於國家的行為，美國政治學者瑟尼（Philip Cerny）稱之為「方法論國家主義」。

7 經濟合作暨發展組織（OCDE）和世界貿易組織（WTO）建立了一個基礎，即所謂的「附加價值貿易」（TiVA, Trade in Value Added），為我們提供一個對於全球貿易更實際的圖象。

值來自外國是一項很頗有意思的探究，這個比例幾乎在所有國家都大幅地提高了。自從一九九五年至二〇一一年，法國的這項比例從百分之十七・三增加到百分之二十五・三，德國從百分之十四・九到百分之二十五・五，斯洛伐克則從百分之三十一・九提升到百分之四十六・八，波蘭更是從百分之十六・一來到百分之三十二・四[8]。

iPhone：中國「出口」，美國收益

Apple的iPhone是「紋理細緻的全球化」的絕佳詮釋，而且這不是一個微不足道的例子，因為智慧型手機很可能成為歷史上本世紀初最具象徵性的物件。

iPhone大大加重了美國的貿易逆差。它在中國組裝，因此會計入中國對美國的出口銷售。然而，經濟事實卻完全不同，因為中國在iPhone的附加價值中占比極低！美國對中國的貿易逆差將近二十億美元，但是在附加

價值的計算中並不顯著。iPhone的價值鏈原則上很單純，所有的上游功能（研發、設計、行銷）都集中在矽谷的庫比蒂諾（Cupertino）。

「採購」（即零件的購買）是全球性的，因此讓Apple可以把一大票供應商（包括好幾百家公司）擺在眼前讓它們互相競爭。在這些供應商中，有十五家左右是策略夥伴，供應微處理器、鏡面和螢幕、記憶體、相機。法國在其中只是很邊緣的存在，僅一家由法國與義大利聯營的企業STMicroelectronics在艾克斯-普羅旺斯（Aix-en-Provence）附近的米勒（Milles）生產供應Apple的陀螺儀（gyroscope）[9]。當我們瀏覽iPhone的供應商名單時，有一點可能會令人吃驚，即Apple的主要競爭對手三星（Samsung）在其中占有的優勢地位：三星為Apple提供了將近百分之三十

8 TiVA的數據。

9 二〇一〇年，iPhone 4 的這項零件成本才二美元，而整支手機的零件總成本為一百七十八美元。

的價值。

這是「合作性競爭」（即混合了合作與競爭的關係）的一個絕佳案例，在高科技產業與汽車業中都愈來愈常見[10]。iPhone的組裝完全在中國進行，由臺灣廠商鴻海（Faxconn）在深圳的超大廠區，以及另一家臺灣的代工大廠和碩聯合（Pegatron）在上海郊區的巨大工廠負責[11]。配送流程則盡可能地簡化。線上下單的產品會直接從中國出貨，透過FedEx和UPS的快遞送到客戶手中。至於零售通路的配送渠道，Apple只透過位在加州的單一中央倉庫出貨，客服中心也位在當地。

附加價值、薪酬和利潤該如何分配？大體上來說，三分之二的就業機會不在美國（主要在中國），但是三分之二的薪酬是付給美國的員工。中國工人的薪水只占了一丁點分量：總成本的百分之二到百分之三！至於利潤則是龐大的，而且大多回流到美國的Apple，接著是到南韓和臺灣。以iPhone 6而言，平均每支售價六百美元，而零件成本估計在兩百至兩百四十美元，中國組裝的成本始終很微不足道。從這個例子中可以學到四個教訓：

(1)即使深圳和上海的薪資高漲，iPhone的方程式也不太會受到影響。組裝選在中國的理由有二：一是勞動力的彈性，二是零件供應商位在亞洲的地理優勢。二〇一二年，歐巴馬（Barack Obama）公開詢問賈伯斯（Steve Jobs）這些中國的工作機會是否無法移回美國[12]，其回答是不可能。對於Apple的管理高層來說，沒有任何美國的工廠能夠像中國工廠那般，擁有幾乎瞬時提升或降低產量的能力。

(2)儘管Apple的形象尤其關乎設計和科技創新，其強項最主要還是在

---

10 Apple的iPhone 7將供應商從三星換成了臺灣的半導體廠商臺積電（TSMC），並且保證只使用臺積電供應的核心處理器。

11 Apple在二〇一〇年向和碩聯合下了大筆訂單，以便在這兩個組裝廠之間創造出競爭意識。和碩聯合也為惠普（HP）的個人電腦和微軟的XBox作組裝。和碩聯合更甚於鴻海的一點在於，中國勞工觀察（China Labor Watch）等單位盯上該公司，指控其勞動環境之糟糕。

12 *The New York Times*, 22 janvier 2012.

於商業與營運的效率。由庫克（Tim Cook）這位營運長來取代賈伯斯的位置絕非巧合。

(3)維持鉅額盈餘是「獨占性競爭」的最佳說明。全世界的消費者（光是中國就占了百分之二十四的iPhone銷售量）都為一項市場上最為昂貴的商品做出貢獻，但是這個市場裡畢竟仍充斥著無數相似且較廉價的商品。這是一個極其脆弱的地位。

(4)在蘋果的全球化現象中，即使美國是最大贏家，享受到勝利果實的不會是所有美國人。美國的藍領階級是其中的輸家，生產的全球分工嚴重導致美國內部的不均程度惡化。

明日，價值鏈的緊縮和去全球化？

自二〇〇八至〇九年的危機以來，全球化似乎進入了一個新的階段。在此之前的二十年間，全球貿易的成長幅度超越了全球生產的成長，但從此減速下來，占全球生產毛額的比例維持在百分之三十左右。金融整合的趨勢被翻轉。國外直接投資在二〇〇六年達到史上巔峰，接著在二〇〇九年的沉潛之後，資金微幅增加並流向新興國家直到二〇一四年。二〇一五年，國外直接投資再度強勁成長，但這次受益的是已發展國家，尤其是美國（與一波併購浪潮有關）。著重於保護國家利益的限制性政策強勢回歸。許多觀察家因此毫不猶豫地談論「去全球化」，但是無人能夠論定這只是一次短暫的現象，或是一場真正勢態翻轉的開端。

儘管如此，目前的數據並未顯示這波貿易成長的趨緩對於價值鏈的擴張有所影響。在二〇〇九至一一年間（最近期的已知數字），各地所呈現的這項指標（國外附加價值占出口比例）幾乎都較過去更高，對於法國、德國、美國、日本和印度來說都是如此。媒體上經常談論的「再地方化」（relocalisation）在現實中幾乎無法觀察到。最明顯的改變是服務業在國際流通中的地位持續攀升。然而，這股攀升並未使得清晰度提高；事實上，當世界愈是互相牽連，局勢就愈顯得隱晦。以軟體為例，隨著轉包分包的流行、人們對於雲端的依賴，以及「測試版」軟體的全球流通，誰能夠分辨得出這些交換的地理樣貌呢？

為何價值鏈的緊縮可能發生？第一個經常被提及的理由是薪資的趨同。然而，我們在先前說過了，薪資的問題唯有在高度勞力密集的部門才是首要考量。因此，我們看到在這些部門中，生產活動持續移往新興國家，如非洲及南亞。至於科技產品的情況則完全不同，因為最密集的貿易活動出現在發展程度相當的國家之間。只要中國在薪資和競爭力上繼續成長，它就很可能會更密集地與已發展國家進行貿易，而非反之。

第二個問題是環境的永續性。零件與產品經過這麼長距離的運輸是否為合理的行為呢？恢復較短的流通途徑難道不是較負責的作法嗎？這個主題經常被環保分子提起，例如在二〇一五年聯合國氣候變化大會期間，許多人歸咎世界貿易組織造成的碳足跡，視之為溫室氣體排放與環境汙染的主要因素。奇怪的是，這項重要的主題並沒有被善加分析。大多數的空運活動是出自人類移動頻繁的副產品，至於海運，它對於二氧化碳排放的直接成本影響有限；海運貨物的噸數還遠遠不及陸上運輸的噸數。事實上，一個美好的世界恐怕會是一個所有人都居住在巨大港口樞紐的世界呢！

然而，全球價值鏈對於環境的損害確實存在，只是發生在別的地方。若考慮到海運在全球體系中的重要性，它其實是管理不善的。海運使用的燃料品質極低，嚴重汙染了港口區域。此外，隨著一些環境規範低落且重度使用高碳能源的國家融入全球流通體系中，全球價值鏈也尤其成了氣候暖化的推手。這才是它的主要影響，要比運輸頻率的倍增來得更重要。

還有第三類的影響可能減緩全球價值鏈的擴張，也就是分支繁多的物流有時會經過一些管理不善的區域（更精準地說，例如港口和某些海峽），或是蘇伊士運河和巴拿馬運河的地緣政治、貨幣風險等，在在都會引發安全與可靠性的危機。事實上，全球價值鏈興起的「經濟」表象在某種程度上來說只是幻覺。地緣政治仍持續扮演核心角色，而且影響力恐怕還在增加中。

不只是去全球化，而是區域化

這種區域化已然成形，有些人會說到「美國工廠」、「亞洲工廠」和「歐洲工廠」。當我們近觀零件交易的模式，如此的三等分便很清楚地顯現。美國—墨西哥—加拿大的組合歷時已久，而其中墨西哥的例子非常獨特，其出口包括了百分之六十五來自國外的價值，其中又有百分之三十七來自美國，以及百分之十五來自中國和南韓。在過去幾十年間最顯著的現象是東亞地區的「亞洲工廠」崛起。

儘管東亞各國與西方的雙邊關係要比它們彼此之間的關係更緊密。「亞洲地中海」[13]即使日本與中國敵對，依舊已經成為全球最密切相連的經濟區域之一。中國領導人習近平以宏偉的地緣經濟與地緣政治觀點，意圖透過陸路（公路和鐵路）將這片區域和歐洲連結起來，並且藉由大量投資基礎設施、港口與其他建設以重振東亞與南亞的海運網絡。這就是在二〇一三年底宣布的「新絲路」計畫，稱作「一帶一路」。

終於，歐洲幾乎成為了全球最融合的區域，但似乎也是最受限的區域。誠然，歐洲的出口持續成長，但是它最近的成長惟獨出現在對於歐洲以外地區的出口，其中德國對歐洲以外地區的出口尤其大。（公私部門的）投資維持在低水平，而且歐洲國家之間的互相投資簡直是停滯了！德國之類過度儲蓄的國家借錢給世界其他各國，但就是不借錢給它們的鄰居。曾經有一度，中國與其他新興國家變成已開發國家的主要債權人，而今我們已經擺脫那段奇怪的時期：財務不平衡的現象仍然存在，只是現在是由歐洲人出資[14]。去全球化並未發生，但現在開始出現去歐洲化（dés-européanisation）了！

我們眼前剩下一個有關南方國家投入這場全球賽局的龐大問題：這個被中國與其他少數贏家遮掩的問題，即為什麼價值鏈幾乎獨鍾東西方的水

---

13 François Gipouloux, Paris, CNRS Éditions, 2009.，作者在本書中提出此概念形容中日與東南亞各國間的貿易網路。

14 Anton Brender, "Comment la zone euro finance le monde", *Les Échos*, 1er juin 2016.

平流動？為什麼美國與拉丁美洲（除了墨西哥之外）或是歐洲與非洲之間的連結依舊如此薄弱？這個問題很重大，尤其如果我們考慮到這種隨著時差而生的「橘子切片式」全球化所呈現之挑戰與優點。很顯然地，可以從經濟的角度解釋之（例如內需市場的萎靡），但尤其還有地緣政治的因素。除了現有聚焦在中國的辯論之外，未來一個世紀恐怕還會有重大的挑戰浮現，特別是對於歐洲，以及歐陸和南部非洲大陸之間的關係。

第八章　全球價值鏈：極化

從衛星在夜間所發出的可見光密度出發，我們就可以對於全球經濟活動的分布建立一個合理的估計值。我們看到什麼呢？一個星球上有將近一半的經濟活動集中在十幾個大型都會區，分布在美國的東西岸、歐洲（尤其是北歐）、印度的大城市，以及東亞的日本、南韓和中國。

全球價值鏈依賴的首先是這些地方。在這些價值鏈中，分工和碎裂不是唯一上演的劇情，聚合的強大力量平衡了前者。對於點子和科技流通來說的事實，也適用於生產活動整體：當交換愈流暢，集聚的力量就愈強大。

集聚效應，昨日與今日

企業選址的策略不是憑空想像，而是會受到其他企業的策略影響，並考量當地的基礎建設、資源庫、勞動與服務市場。強勁的集聚力道因此讓企業傾向於靠近彼此。地理經濟學對於提出兩項主要的解釋：

(1)廣大需求市場以及靠近顧客而享有的優勢（下游連結）；

⑵無數互相競爭的供應商（上游連結）。

這種集聚效應尤其出現在價格優勢上頭，也就是「金錢外部性」（externalité pécuniaire）。舉例來說，愈多的供應商聚集在一起，意即它們之間的競爭愈激烈，價格也因此愈低。儘管如此，我們可以自問在當前的大環境下，這種連結性是否仍然符合傳統理論而扮演決定性的角色。畢竟，全球化的本質就是讓供應商之間出現競爭，並且可以接觸到地方市場以外的消費者。

在我看來，事實上有另外三種關於集聚的邏輯在今日扮演了核心角色。第一個是彈性：在任務分工加速的環境裡，大城市或都會區呈現出的關鍵優勢，即是讓生產活動的鏈結得以快速且靈活地重新調整。這也是洛杉磯的電影工業、時尚產業、出版業等長期以來運作的方式，這些產業一直是由無數專業化的工作者瓜分市場，而且很典型地存在於都會區裡。在現代，這種持續重整化的能力對於許多其他產業來說也很重要。當資源

（能力、服務）的在地市場規模愈大，彈性配對這些資源的能力就愈顯強大。

第二股力量顯得有點神奇、無法被量化，因此幾乎不受某些經濟學者歡迎，也就是知識的流通，尤其建立在企業之間的人才流動上。無數的觀察家於是認為矽谷的主要實力便來自於它作為一個巨大的人才循環庫；在此，對於企業的忠誠度並非首要美德。

最後，集聚的第三股力量很單純，就只是人們對於生活與工作的地點選擇。在今日，對於大多數的活動來說，選址不再受到物理因素限制，如自然資源或初級原料的取得便利性，也不會受到大量「平庸」勞動力取得便利性的限制。企業因此會愈來愈以策略型勞動力的期待來選擇位址，意即追求最優秀的人才，尤其是勞動市場上最受歡迎的年輕幹部。

如果說成長中的企業們經常選擇落腳在特別適宜人居的地方，那絕不是偶然。居住的向光性和享樂主義是超工業時代的強大力量。過去座落在市郊工業區的企業，如今重新回到生機蓬勃的市中心，此一現象正與這些受良好教育的年輕工作者之期待直接相關[1]。

飛地、專業化區域、都會區

集聚效應並不只在地方層次上運作，在近幾十年間，集聚效應更是呈現在全國層次上；這段時期的國家或多或少都猶如獨特的「經濟集聚地」。法國的汽車產業很法國：研究室在巴黎、工廠在索肖（Sochaux）和塞納河谷（la vallée de la Seine）、專業化的供應商在巴黎郊區、輪胎則來自克勒蒙費朗（Clermont-Ferrand）。如今，集聚效應重新回到以一國境內為主的規模。

「應用四色定理彩繪各國領土的地圖」不再是思考經濟世界的最適圖

1　這個現象在美國尤其顯著，企業驚人地大舉重返市中心，經常對於房地產價格造成強勁的緊張壓力，例如今日的舊金山。

象。大都會從此與國家一樣地緊密嵌入在全球網絡中，例如英國脫歐公投（Brexit）以驚人之勢展現出倫敦與英國其他地區的想法差距是如此之大，甚至超越對於歐洲的不信任感。生產的世界如同科學的世界一般，呈現出繁星群島的樣貌，由全球價值鏈、企業網絡、專業社群和僑民們交織而成。然而必須強調的是，這個現象一點也不表示國家已經完全失去了掌握。藉由戰略與規範的手段，國家依舊是核心要角。只是國家從此必須和造成內部團結強烈緊張的流通體系和極化形式妥協共處。

簡言之，記住三種相互交錯與轉換的集聚類型：飛地經濟、中型城市的專業化區域、大型都會區。

所謂的飛地經濟（或是「流刺下的經濟」），我指的是或多或少擁有治外法權的國際性網絡，如美國的軍事基地（大約有八百個海外基地分布在六十三個國家）、礦區、產油區、大型港口，以及大型能源基地如資訊業的伺服器農場等。

接著我們會看到一大群專業化工業區。這是全球化浪潮中被忽略的一個面向。我已經提過這些區域在歐洲工業發展史中的重要性。這種非常專業化的集聚模式，由一群自成網絡、彼此既競爭又合作的小企業組成，至今依舊（以新穎並持續演化的形式）存在於義大利中部，但是它的主要基地如今位在南方國家。印度、巴基斯坦、巴西、非洲充斥著專業化工業區，通常是仍然高度勞力密集的輕工業。重要的課題在於了解這些地方結構是否足以促使當地走上更加全球化發展的途徑。

中國的例子尤其有趣。其非凡的工業成長仰賴的是兩種手段。首先是「由上而下」，在一九八〇年後中國政府大力推動專業化經濟特區（Special Economic Zone, SEZ）作為出口基地；在第一批實驗（其中包括深圳）過後，這些經濟特區普遍來說多有重大的成功，且還被一些國家所複製。然而，它雖然吸引了許多國外直接投資，但是它所創造的工作機會幾乎不超過全國工作機會的百分之十。

第二種手段是「由下而上」，由無數高度專業化的區域自主地發展起來，尤其是在浙江、廣東、福建和江蘇等臨海省份[2]。以浙江省為例，此處擁有三百個群落，在各自的產品市場占據全球前十名。在江蘇省境內的杭集鎮，生產全球百分之三十的牙刷。在這些區域中，許多是由中國華僑資助。有些參與了複雜的全球價值鏈，其他則是直接售予沃爾瑪（Walmart）或是全球的大小通路商，或是售往非洲、波斯灣的超級市場。主打「閃亮印度」（Shining India）口號的印度也是一個巨大的專業化群集庫，由班加羅爾（Bangalore）的資訊企業所形成。

第三種集聚類型為最大宗，即是多部門的大型都會區，其在世界經濟中占有的分量不斷加強中。二〇〇八年，光是東京或紐約的集聚經濟規模就大約等同於巴西或西班牙的全國分量，也約為葡萄牙的五倍、瑞典的三倍[3]。這些大型都會區的實力來源已經被無數次地分析過。

在我看來有一個關鍵點，也是社會學家薩森（Saskia Sassen）在討論倫敦、東京與紐約[4]時所強調的，即是都會區優勢[5]一點也不局限在所謂高端功能的集中化，尤其是金融活動。都會區的動態是更加廣泛的。一如我在前文點到的內容，上游與下游的市場規模、價值鏈中配對的彈性、想法與能力的流通性，以及勞動者的居住選擇都是解釋都市極化和超工業環境之間特殊關聯的重要力量。

當然了，在跨國價值鏈中的支持與轉換點角色只能解釋一部分的都會區動態。一如經濟地理學家埃爾伯特（Ludovic Halbert）所強調的，城市之間區域與國家的錨定以及在世界網絡中的定位存在著一種永久且複雜的互動關係，我們可以用「基地」（hub）和「生態系統」（écosystème）這兩種概念來思考之。

---

2 見 Lu Shi et Bernard Ganne, *Comprendre les clusters du Zhejiang*, halshs. archives-ouvertes.fr/halshs-00355896

3 如欲得到全球都市化的整體觀點，請見 McKinsey Global Institute, *Urban World: Mapping the Economic Power of Cities*, 2011.

4 Saskia Sassen, *The Global City: New York, London, Tokyo*, Princeton, Princeton University Press, 1991.

5 見 Ludovic Halbert, *L'avantage métropolitain*, Paris, PUF, 2010.

基地

比較一下國道與省道地圖以及空中航線或高鐵（TGV）路線圖。在前者中，點與點所連成的路線數量幾乎不太會偏離平均值，一個鐘型曲線便足以代表之。在後者中，點與點所連成的路線數量就變化頗大。有些點集中的路線遠比其他點來得多：這些就是「基地」。其特徵可能顯得有些學術，但它是了解超工業社會不可或缺的核心。因為具備基地的網絡——也稱作「力量定律的網絡[6]」——幾乎到處存在於當代世界裡。網際網路也如此被架構出來，猶如科學家或藝術家之間的協作網絡、細胞內蛋白質之間的互動網絡、社會網絡、航空網絡、快速鐵路……

如何形成一個基地？事實上只要新進者偏好將連結較佳的點歸併起來，便會逐漸沿著基地周遭形成網絡。我們立刻就了解到，相較於交流有所保留的世界，這種聚合現象在開放且連結的世界裡會更加快速形成。

在聯邦快遞（FedEx）於一九七三年在美國的地理中心曼菲斯

（Memphis）創造它的第一座空運基地後，郵務運輸業（快遞包裹配送）創造了驚奇。這個基地透過同一個分類平臺轉運所有包裹。這種自行車輪狀的結構優勢很單純：如果有二十個城市要連結（事實上要連結的城市遠超過二十個），一個中央基地的結構只需要二十趟來回運輸，但若是以點對點的連結則需要一百九十趟。這種模式因此興盛起來。

在二〇〇七年，曼菲斯是全球第一座貨運機場，較香港和阿拉斯加的安克拉治（Anchorage）[7]要早。航空客運的基地遵循一種類似的邏輯。為了在不必增加雙邊航班的前提下吸引旅客，辦法就是將遊客集中至某個基

6 這些網絡被稱作「力量定律」，因為點與點的連線數量（在圖表理論中意指點的「度數」）之間呈指數關係，在現實情況中通常是二到三次方，猶如一股負面力量使得每個點具備的連線數量逐漸遞減。舉例來說，第二級的點具備的連結會比「主要基地」少於四至八倍，第三級的點則會少於九至二十七倍等。見 Albert-Laszlo Barabasi, *Network Science*，可在 *barabasilab.neu.edu* 下載。

7 法國的戴高樂機場也算是一個重要基地，因為它是聯邦快遞的歐洲平臺，也因為一大部分的空運貨物是由客運民航機的貨艙載運。

地，並且在最少的時間內安排最多的轉機航線。基地之間的競爭很激烈，因為這是征服交通的一個重要工具。但海運基地又不同，因為我們很顯然不可能把船隻只集中在幾個中心航站。然而，巨大的貨櫃港找到了另一種公式：定期的世界環行，在固定的日子才停泊於主要港口。此舉的用意是盡可能地增加移動，因此這些主要港口的數量便變得愈來愈少。在這個例子裡，我們建立起了一個極度分層的結構。排行為首的基地（在歐洲即是鹿特丹、安特衛普和漢堡）以次要航線與其他港口連結，並且透過公路和鐵路將貨物分配運往內陸國家。在物流系統的結構中也採行了同樣的集中式邏輯。

全世界都大多傾向極端減少中介集散地的數量，某些專業化部門也是這麼做。一個驚人的例子是花藝產業。當你在巴黎或柏林的花店買一束花時，不論它們的產地為何（肯亞、摩洛哥或荷蘭），你手上的這些花都很可能是從阿姆斯特丹機場附近的兩大花市之一轉運而來。

我們也會用「基地」這個詞來形容金融業、藝術界、科技業、科學界。經濟學家莫瑞提（Enrico Moretti）將新興的美國都會區稱作「腦力基地」（brain hubs）[8]。這樣的隱喻是否合理？很大程度上來說，是的。以大學校園以及它們與企業的關係為例，醫藥界為了利用基礎研發的成果、尋找新創團隊與人才，可說是最有動機進駐校園的產業了，但它們有興趣的不盡然是增加這些連結，而是集中投入於幾個卓越的大學校園。另一方面，這些校園也會為此提升它們對於研究者和資助者的吸引力，結果便是：幾乎全部的產業投資與風險資本投資都集中在了至多十幾所院校裡。

這些商業或學術基地不是一個新玩意。長期以來，商業網絡就是圍繞著一些大型的倉儲與分配中心、轉運城市、大型商場等而組織起來，例如東南亞的麻六甲（Malacca）。然而，這個時代特有的連結性已經將整個地球披上了一層前所未見的基地網絡。

一些大都會基地興起，在車水馬龍的各種流通中找到其專業化的領

8 Enrico Moretti, *The New Geography of Jobs*, Boston, Mariner Books, 2012.

域。在歐洲，最著名的例子就是荷蘭，這個都會國家環繞著鹿特丹和史基普（Schiphol）兩大世界級基地而興。另一個顯著的例子則是杜拜，它利用位於亞洲（中國、印度）、歐洲和非洲之間的優越地緣戰略位置，創造出了許多專業化「基地」。這個城市國家也致力於極大化其優勢，以成為中東地區的金融基地。杜拜的機場已經超越英國的希思洛（Heathrow）機場而成為全球首屈一指的機場。吉貝・阿里（Jebel Ali）也是中東地區最活躍的港口，並且可能在二〇三〇年成為世界第一的貨櫃港。

最後，對於波斯灣、亞洲和非洲的中產階級來說，杜拜可說是一個巨型超級市場。我們可在此發現浮誇的購物商場，如知名的杜拜商場（Dubai Mall）和裡頭的溜冰場；但也會看到比較土氣的商場，如中國境外規模最大的華人商業中心龍市場（Dragon Mart），在此可以找到所有你能想到的廉價塑膠製品，都是低成本的中國製造商銷至非洲的。

生態系統

如同「基地」一詞，「生態系統」也在近年來飛快地擴張其能見度。這兩個概念雖不同但互補：基地的威力來自於其集中的力量，而生態系統的概念則反映出分散、開放結構的效率——這種結構是由一大群形形色色、持續互動的參與者所組成，並且因為混雜了既競逐又合作的關係而發展起來。儘管如此，這兩種概念具備一共同點，即是仰賴地理毗鄰性的重要性。「生態系統」此一時下流行的詞彙可以回溯到一些古老的現實，尤其是我們已經多次提及的工業區。這些多產的空間組織具備什麼共通的基礎元素呢？它們包含了四點：

(1)成果是集體創造出來的，這是重點。生態系統中的企業之間競爭可能很激烈，但是這種競爭摻雜了不同形式的合作，為參與者的成功要素之一。

(2)參與者清單是開放的，而且多樣性是它的一項王牌：大企業、中小企業，以及一連串各式服務、互助機構、大學、職業學校、協會、金融與保險機關等。

(3)過去的生態系統通常集中在一個部門；今日的生態系統則通常包括了多個部門，並且涉及愈來愈多樣化的科技、財貨與服務。

(4)其發展是透過試錯法，沒有集中固定的目標。

只要瀏覽一下上述簡短的清單就可以看出這種模式在每一項特徵上皆與傳統上集中於大企業的福特主義截然不同，它也尤其與法國的科爾貝爾主義不同，後者強調的是由國家主導的大型計畫（核能、鐵路、太空）。在傳統模式中，研發來自內部，並且高度受到保護。水平合作的結構幾乎不存在。這種文化很難根除；舉例來說，相較於德國的產業狀況，法國汽車製造業者之間的合作程度始終很低。

然而，事情正在改變。開放、共享的創新開始侵入我們的習性。合作式空間被建置起來。大企業鼓勵新創企業的發展，一方面以便善加利用它們的創新精神，另一方面也是因為大企業知道許多聰慧的年輕知識分子不願接受集團內的傳統職涯。隨著布朗克（Christian Blanc）的報告[9]中首次使用到「生態系統」一詞，法國在二〇〇四年推出的「競爭力聚落」（pôles de compétitivité）獲得了空前的成功，也意味著傳統的集中化模式不再如過去一般可行，在現下的科技與競爭條件下，更為流動、有機的資源匯聚變成較佳的作法。

在世界各地，這種更加開放與講究合作的組織型態都經得起考驗。例如政治學家柏格（Suzanne Berger）所提出之美國與德國製造業的基本差異：在德國，多虧了在聯邦的層級上有各式合作機構提供融資、專業訓練、出口推廣等支援，企業們得以嵌進非常有效率的生態系統中。反之，咎因於產業外移以及作為地方經濟活動主軸的傳統大企業的撤離，這種生

9 Christian Blanc, *Pour un écosystème de la croissance. Rapport au Premier ministre*, Paris, La Documentation Française, 2004.

態系統在大多數的美國國土上是萎縮的，一如在法國的情況。

對於法國來說，這是一項重要的教訓。無數中小企業的悲劇不是因為規模小，而是因為被隔離了，可以創造出學習的集體效應之環境被切割開來。因此，創造或再創造這種環境將是我們的當務之急。

第九章　超極化和中心／邊陲的脫鉤

在一八九〇年左右，首批（暫時）變有錢的作家之一左拉（Emile Zola）的收入，是那個年代最富有的醫生的十倍，大約等同於現在的七十五萬歐元。在二〇一五年，我們估計創造哈利波特（Harry Potter）的J. K.羅琳年收入約為一億歐元。在全球化的職業中，集中化似乎傾向於超級集中化。它導致了贏者全拿的局面，或至少是幾乎全拿[1]。

在網路時代之前，這種不平等現象最令人震撼的例子存在於與全球觀眾相關的職業裡（體育、藝術等）。一九九六年，迪士尼的老闆艾斯納（Michael Eisner）已經擁有二億美金的薪資，等於底層勞工薪水的一萬倍；然而，數位網絡的威力顯然強化了這個現象。世界上前一百名小提琴家或鋼琴家一定都很優秀，但是在全球市場的年代裡，你最好是成為馬友友或郎朗。

可擴展性與不平等

一位非常有成就的評論隨筆作家塔雷伯（Nicholas Nassim Taleb）[2]將世界區分成兩種類型：「平庸世界」（médiocristan），是一個平均數與鐘形曲線分布的世界；以及「極端世界」（extremistan），是一個奉行力量法則的網絡世界，其中存在一些公認的基地。塔雷伯指出，「極端世界」不停地攻城掠地，與全球化現象關係密切。至於平均分布的世界，雖然大多數的經濟學者甚至金融家都仍依戀著它，卻已不足以說明極端現象的倍增和主導地位。

前文曾經提及的可擴展性至關重要。「可擴展」意即同一個勞動單位可

1 見 Robert Frank 和 Philipp J. Cook, *The Winner-take-all-Society*, New York, Penguin Books, 1996.

2 他的著作《黑天鵝效應》（*The Black Swan*, New York, Random House, 2007）銷量超過兩百萬冊。

以在不增加生產成本的情況下被銷售無數次。假設你是牙醫，你可以擴大客戶群，讓他們支付更昂貴的醫藥費，將你的儲蓄投資在一間診所裡，為一個寡頭組織工作。但即使很賣力地工作，你也無法如同一名成功的貿易商、一名足球員或是一位數位創業家那般地在收入後頭加上好幾個零。

全球化和數位世界有一股雙重效應：它們同時驚人地增加可擴展的工作數量，以及這種可擴展性受益者之間的差距。也開啟了新的收入來源。廚房不能擴展，但是大廚可以在全球市場上銷售他們的形象與建議。米拉諾維奇（Branko Milanovic）指出，這種全球不平等的源頭還沒有消失的跡象[3]。

賽斯（Emmanuel Saez）、皮凱提（Thomas Piketty）和其他學者都大量記錄了個人不平等、收入不平等或是財富不平等的廣泛性。在二〇一六年於達沃斯（Davos）播映了一部極具衝擊性的紀錄片，樂施會（Oxfam）在影片中指出全世界最富有的六十二人之財富等同於全球後半數窮人的總財產。佩克（Thierry Pech）揭露了法國的情況，並稱之為「富翁的分裂」

（sécession des riches）[4]。他引述古居修（Olivier Godechot）的研究指出，在一九九六年至二〇〇九年間，法國前百分之〇・〇一富裕的薪資階級成長中，有百分之四十八是金融業所創造出來的，多過對企業的服務部門（百分之二十三），更是遙遙領先娛樂業（百分之八）。另一方面，法國人在數位社會裡創造財富的人數遠遠不及美國，後者對於全球不平等程度的攀升占有重要的分量。

數位，全球極化的要素

數位產業是超極化的贏家。科林（Nicolas Colin）提醒我們，全世界最多人使用的應用程式若不是美國人創造的，便是中國人創造的，一如所有

3 Branko Milanovic, *Global Inequality*, op.cit., p.223 *sq.*

4 Thierry Pech, *Le Temps des riches, anatomie d'une sécession*, Paris, Seuil, 2011.

的數位大企業[5]。這些企業大量吸收了全世界網民共同產出的價值，受益的則是這些企業總部以及其研發與行銷中心、法律與金融單位所在的美國大都會區，當Uber取代當地的計程車行，資源也因此轉移至了Uber的股東以及發生此一現象的矽谷。此外還必須附帶提到避稅天堂、中繼地區如愛爾蘭，以及以色列這個全球唯一對美國境外的數位產業投資最多的國家。

科林提出以下這些非比尋常的數字：在二〇一二年，百分之八十三的全球股權資本以及百分之四十一的全球數位經濟營業毛利集中在美國。面臨如此的美國強權，中國決定築起一道長城，仰賴其廣大的內需市場；結果它成功了。百度，作為中國的Google，成為全球第五大流量的網站。再加上阿里巴巴（線上銷售平臺）和騰訊（管理微信的公司），這三家中國的數位巨頭變成了強大的金融勢力，直接支持了他們的管理階層朝向各種類型的領域發展，強化中國的軟體應用程式之生態系統（例如滴滴出行，成功地封鎖了Uber）。

相反地，即使今日的數位世界隨著新世代掌握權力而蓬勃發展，歐洲還是顯得被邊緣化。二〇一三年，參議院的歐盟事務委員會所發表的報告中使用了一個詞來形容歐洲：「數位殖民地」。儘管如此，上述這些評定只適用於「純粹」的數位經濟。我們在前文提過，數位科技也是全球價值鏈在所有部門中擴張與協作的一項強大工具，是讓價值重新流向掌握策略環節的國家與都會區的機器。以前文提過的Apple為例，便能描繪出這種雙面的主宰：一方面主宰數位產品，另一方面也主宰產業鏈。同樣的情況在Amazon也可見一斑。

一個開放式的大問題在於了解數位世界是否將會繼續如同羅馬帝國一般，向它的加州核心進貢鉅額的財富，或者可能發展出其他重要的創新中心。有些人認為大數據產業的時代將會比網路時代更加開放，使得一種以區域為限之特定專業領域發展起來的多領導中心得以實現（例如紐西蘭發

5 Nicolas Colin, *La Richesse des nations après la révolution numérique*, Terra Nova, *tnova.fr*, 2015.

展畜牧業、德國發展汽車業和機械工業等）[6]。

大都會和其餘地方

美國的強力主宰是否對於美國境內整體社會有益處呢？很顯然地，答案為否。區域不平等的惡化是超極化過程的一種表現。美國尤其較法國或德國更為嚴重。

美國的大城市自從一九九〇年代以來就遭遇了十足的分歧。儘管高等學歷的比例在所有大都會區都維持擺盪在一個平均值，某一小群領頭的城市和其他地方的差距卻是顯著擴大。名列前矛的城市擁有百分之四十的高等學歷比例，但這個比例在過去鄉村與工業美國的都市區卻普遍不到百分之二十。最「高階」的城市當然也是所得最高的地區。此外，引人注意的另一點在於，專業要求較低的工作在學歷較高的城市也會有比較高的報酬[7]。

在法國，不同城市的教育平均程度也有所差別，但是上述如此分歧的現象並不存在。二〇〇八至二〇一三年間，高等學歷的比例在所有法國大城市都有顯著提升（包括極度工業化的集聚地如朗斯－杜埃、敦克爾克、蒙貝利亞）。在二〇一三年，大巴黎區的高等學歷比例約為百分之四十（小巴黎區的比例為百分之五十七），土魯斯（Toulouse）、蒙佩利爾（Montpellier）、里昂（Lyon）、漢恩（Rennes）、南特（Nantes）、格勒諾柏（Grenoble）、波爾多（Bordeaux）等都會區的比例則介於百分之三十七至百分之四十二；至於史特拉斯堡（Strasbourg）、里爾（Lille）、南茜（Nancy）、尼斯（Nice）、艾克斯－馬賽（Aix-Marseille）[8]。

顯然，這些都會區之間的對比依舊很強烈。自從金融危機以來，都會區獨占了私部門就業機會的創造。在北部或東部較蕭條的地區，中型或小

---

6 見 Alec Ross, *The Industries of the Future*, New York, Simon & Schuster, 2016 (chapitre 6).

7 Enrico Moretti, *The New Geography of Jobs*, *op.cit.*

8 Données INSEE, unités urbaines, 2008-2013, population non scolarisée de 15 ans et plus, diplôme le plus élevé obtenu.

型城市的「無學歷」者比例經常是接近或超過百分之五十，高等學歷的比歷則大約落在百分之十五至百分之二十。不過，法國的都會組織本身內的同質性要比美國高得多了。

中心與市郊之間的歷史連結斷裂？

在不平等的現象之外，更深一層的問題是受益於全球化的中心與其他地區之間的關係。這個問題是雙面的：這些中心是否透過公共支出或私人花費的流動促使財富重分配至鄰近的區域？這些中心是否透過與之相關的新創生產活動而促使經濟成長擴散呢？在今日，沒有什麼是確定的。這是一個重大的歷史斷裂。

在二〇〇九年，世界銀行轉變了其原則。長期以來抱持著發展鄉村的觀點的世銀，已經注意到城市的動力。在「新地理經濟學」這個認為我們從此應該支持而非阻止都會區發展之思想的影響下，惟有火車頭有能力帶動成長。然而，在這背後當然是假設重分配和散播的過程應將來臨。

「中心—市郊[9]」的模式自然地成為我們的世界觀之一。城市與鄉村、大都會與依附之的小城鎮、首都與國有空間：這些配對看似不可分離。市郊餵養中心，不論是字面上或是實質上的意義皆成立。反過來，市中心會重分配財富並涓滴至市郊地區。沒有什麼比法國以及巴黎和其他國土之間長久之來的互惠性更適合作為範例了。鄉村地區餵養了巴黎，提供建造巴黎的材料與勞動力，餵養其行政體系，促使巴黎的工業得以誕生與成長。從克勒茲的建築工人到薩省的清潔人員，以及酒店老闆、莫爾萬工人，布列塔尼或亞爾薩斯的女僕、郵差、鐵路工人、雇員或工人大量湧入首都，這種協同作用導致不論是暫時或永久的人口流動皆激增，並且在第二次世界大戰以後，由於國內生產力的統一而更加鞏固了這個現象。今日，它尤

9 在此，我所謂的「市郊」指的是區域性、全國性或國際性的內陸城鎮，而非都市內部的市郊。

其仰賴公共或私人支出的重分配挹注，如同經濟學家達弗齊（Laurent Davezies）[10]所言。

然而，全球化與連結性在今日侵蝕了這種毗鄰的協同作用之根基。鄰近區域以及惟有毗鄰性可提供的所有資源，從此都可以在全球市場上取得，不論是飲食、材料、工程勞力、家務勞動的新型態，或甚至是（在某種程度上的）專業勞動力。中心與市郊的緊密關係被市郊的全球市場所取代。

廉價航空尤其大幅地改變了牌局。不同於一句廣為流傳的口號：富裕的中心永遠需要窮人，現實中它們偏好的是來自他處的窮人，而不再想要與自己有永久利害關係的窮人。過去作為資源的鄰近市郊如今經常變成負擔，潛在的大量勞動力被排除在都會之間先進經濟體的循環之外。他們是吉侯德口中的無用之人，而這種說詞又是源於羅賓森（Joan Robinson）那段知名但可怕的說詞：「被資本家剝削的悲劇完全比不上一點也不被剝削的悲劇[11]。」

分析世界上分離主義運動的興起，達弗齊點出，富裕地區才是今日分離主義運動最活躍的地方[12]。世界各地，對於國家或聯邦財政貢獻最多的地區，總針對他們的納稅強度或原則提出質問，而這種現象並不是歐洲的專利。

在美國，某些科技菁英為了將加州分割為六個區域而積極奔走，呼籲要「解放」矽谷，使之得以自我治理，並且在華盛頓擁有自己的參議員[13]。其精神領袖大力呼籲民族國家將死，而一國之內最具生產力的地區必須擁有自治權。日籍管理學家大前研一因此讚揚緊密的區域國家概念，以作為市郊地區對於活躍的都會中心所造成之不合理負擔的替代解方。如同其他

---

10 Laurent Davezies, *La République et ses territoires*, La République des idées/Seuil, 2008, et *La crise qui vient*, La République des idées/Seuil, 2012.

11 Pierre-Noël Giraud, *L'Homme inutile, op.cit.*

12 Laurent Davezies, *Le Nouvel Égoïsme territorial*, La République des idées / Seuil, 2015.

13 Marcus Wohlsen, "Silicon Valley's Plan to Split California Into 6 States Just Might Succeed", *Wired*, juillet 2014.

許多亞洲人，大前研一驚豔於新加坡的模式，即該國以成功的策略挽救退出馬來西亞的損失。風行一時的專欄作者科納（Parag Khanna）如下為這麼一個世界護航：新的價值鏈變成核心結構，而民族國家只是其中的參與者之一。

事實上，這種情勢正有利於城市國家（杜拜、杜哈、新加坡）和極小國家（愛爾蘭、波羅的海三小國、瑞士）的發展。它們不只不必承擔內地的負擔，更可以採行較大國家的總體經濟策略。由於強勢的稅制和規範，它們吸引了外來投資，並且在國際經濟中扮演「地下過路客」的角色。

關於英國脫歐，科納如是寫道：「倫敦應該脫離大英國協。」他又附帶一提：「這是不可能發生的事，因為倫敦想要繼續主宰一個國家。只是這個國家必須盡可能地避免為倫敦的繁榮來負擔[14]。」此話再清楚不過了。如今只缺乏一件事：被迫成為過度負擔之人的觀點！

在這個布局上，英國脫歐尤其引人注目。事實上，這是史上首次一個都會區（而且還不是任一都會區，而是全球第一的金融城市）和它長久以來被視為一體的國家之間如此清楚地宣稱分手。儘管倫敦人廣泛地投票支持維持現狀，在這個首都之外，只有幾個都會中心如曼徹斯特、利物浦給予微幅的支持。一如所有以工人為主的城市，英國的第二大城伯明翰則是投票反對，其他投反對票的還包括受到歐盟補助最多的城市。

在現實中，英國人表達出的感受是：倫敦自長期以來已經放棄了他們，轉而追求另一條途徑。事實上，自從二〇〇八年以來，英國新創造出來的就業機會有百分之七十是出現在東南部的都會區。倫敦已經運作地如同一個城市國家，而且具備強烈的意圖去強化這種「事實上」（de facto）的分離主義策略——泰晤士河上的新加坡。諸如降低針對企業的稅賦，這種作法可能會使得英國的全球情勢進一步惡化[15]。在美國，支持川普

14 *Foreign Policy*, 28 juin 2016.

15 Vincent Collen, "Face au Brexit, l'offensive fiscale de Londres pour retenir les entreprises", *Les Échos*, 7 juillet 2016.

（Donald Trump）的選票地理分布也高調地突顯出了都市中心之間的鴻溝正在加深中，一方極度支持希拉蕊，市郊地區卻感覺被遺棄。

結語

法國與歐洲：獨特的王牌

在這個分離力量大行其道之際，我們必須以概括性的方式強調法國、德國和歐洲國家所擁有的王牌。

首先，我們對於平等的熱愛，即便經常被取笑，但也使我們免於盲目接受普遍性競爭：舉例來說，我們難以接受某些地方被拋棄，即使在現實中，我們或多或少缺乏針對這些地方的政策。

其次，達弗齊所描述之財富重分配與循環的過程是強大的。它們在全國層次運作，但也在較為地方性的層次上運作，圍繞著區域性都會區[1]。它們強烈地減緩了生產性經濟體超極化的趨勢。

最終，搭乘法國高鐵TGV距離巴黎二或三小時車程遠的省級都會區間帶包括了我們今日在法國所見最活躍的地區，創造出一種完全獨特的地域輪廓而編織出法國的樣貌，並且使我們與鄰近國家絕佳地連結起來（土魯斯與伊比利半島、史特拉斯堡與歐洲高等教育之核心萊茵河走廊、里昂與歐洲製造業之核心阿爾卑斯山地區、馬賽與地中海等）。

事實上，如果我們願意拉出一點高度觀看法國，會發現這個國家愈來愈像是某種布局好的、獨特的大都會，要比德國更具備占據全球核心位置的優勢。巴黎的核心地位在今日面臨了不少困難，大多是由於嚴重欠缺的管理。然而，區域性都會區的活躍大大彌補了這個問題，尤其是法國西部的城市[2]。

至於地理學家居依（Christophe Guilluy）所提出的觀點，認為法國活躍的都會區與市郊之間存在全面的斷層，實是過分簡化了[3]。確實，咎因於傳統工業的危機、都會區的缺席以及未曾自戰爭中復原的傷疤，自阿登省（Ardennes）[4]至中央高原（Massif central）[5]這條廣大的對角線上的城市正從地理與經濟層面上與全國水平脫鉤了。至於剩下的，法國內部的斷層與其說是地域性的，更像是社會性與文化性的。大城市裡居住著大多數的窮人，並且鬆散地交替出現陷入困境的地區與極度活躍的地區。

我們應該接受的事實是，在細緻分層的全球化背景下，牌局已經根本地改變了。整合的「法國經濟」已不存在，惟有歐洲經濟可以與美洲和亞

---

1 Laurent Davezies et Magali Talandier, *L'Émergence de systèmes productivo-résidentiels*, Paris, La Documentation française, 2014.

2 Pierre Veltz, *Paris, France, Monde. Repenser l'économie par le territoire*, La Tour d'Aigues, Éditions de l'Aube, 2012.

3 Christophe Guilluy, *La France périphérique. Comment on a sacrifié les classes populaires*, Paris, Flammarion, 2014.

4 譯註：為法國中北部與比利時毗鄰的省份之一。

5 譯註：位於法國中南部的一火山高原。

洲的區域經濟互相抗衡。然而，我們的城市與大區仍然富含創造、吸引與定錨未來就業機會的能力，並且在創造新興超工業社會的進程中占據一席之地。